Ayse Westdickenberg

NÄHE DEIN perfektes Dirndl

Entdecke den **DIRNDL-BAUKASTEN**

stiebner

Inhalt

SCHNITTABWANDLUNGEN

SCHNITTVORBEREITUNG

NÄHTECHNIKEN

Vorwort

Meine Idee für dieses Buch: Mit einer Art „Baukasten" können einige wenige Grundmodelle mit unterschiedlichen Ausschnittformen und Blusen zu verschiedensten Dirndln kombiniert werden. Dabei werden Verarbeitungsmöglichkeiten vorgestellt, die sowohl für Anfänger als auch für Fortgeschrittene geeignet sind.

Die Dirndl-Outfits sind so konzipiert, dass sich der Schwierigkeitsgrad von Modell zu Modell steigert, wobei also das erste, Luisa, das einfachste ist.
Zu jedem Grundmodell sind die Lerninhalte vermerkt, sodass auf einen Blick erkennbar ist, welche weiteren besonderen Nähtechniken hinzukommen und worin sie sich unterscheiden.
Die Schnittmuster kannst du selbst abwandeln, einige Möglichkeiten zeige ich dir im hinteren Teil des Buches. Alle vorgestellten Dirndl und Blusen können miteinander kombiniert werden. Wenn du dich von anderen Dirndldesigns inspirieren lassen möchtest, kannst du die Schnitte als Basis für eigene Kreationen verwenden und mit der Ärmellänge, Ausschnittform, Kragen- oder Verschlussmöglichkeit spielen.
So kannst du deiner Fantasie freien Lauf lassen und nach Wunsch Details verändern, um dir dein ganz persönliches Lieblingsdirndl zu nähen. Und wenn du daran noch Verzierungen wie Rüschen, Paspeln oder Borten anbringst, wird dein Modell unverwechselbar.
Eine große Auswahl von Verarbeitungsmöglichkeiten stelle ich dir bereits bei den einzelnen Outfits vor.

Ich wünsche dir viel Spaß beim Designen und Nachnähen!

Ayse

OBERSTOFFE

Ich stelle dir hier die am häufigsten verwendeten Stoffarten für Dirndlkleider und die zugehörigen Blusen und Schürzen vor und möchte dabei auch erwähnen, dass die Stoffe für die Dirndl-Outfits Luisa, Clara und Lola dankenswerterweise von der Firma Stapf Textil (Imst/Österreich) und für die Modelle Lara und Josefa von der Firma Trachtlerei (Marktoberdorf/Deutschland) zur Verfügung gestellt wurden.

Grundsätzlich rate ich dazu, alle neu gekauften Stoffe vor dem Zuschneiden bei 60 Grad zu waschen oder mit dem Bügeleisen auf höchster Stufe mit Dampf zu bügeln. Das gilt auch für Futterstoffe.
Baumwoll- und Leinenstoffe bestehen aus natürlichen Rohstoffen, sind oft in Leinwandbindung hergestellt und haben eine hohe Strapazierfähigkeit. Sie sind leicht zu verarbeiten, da sie sich nicht verziehen und außerdem kann man sie in der Regel bis zu einer Temperatur von 60 Grad problemlos waschen. Festere Gewebe eignen sich gut für Kleider und Schürzen, für Blusen sollten leichte Baumwollstoffe oder auch etwas feineres Leinen verwendet werden.
Manchmal wird auch Seidentaft für Dirndl verwendet, die dann natürlich edler wirken als Modelle aus Baumwolle oder Leinen. Beim Kauf der Seide sollte man darauf achten, dass sie nicht zu leicht und dünn ist, um beim Dirndl eine gewisse Formstabilität zu erreichen. Am besten lässt du dich beim Kauf beraten und verwendest eine entsprechende Einlage zum Verstärken der Seide. Man sollte dabei auch beachten, dass Seidenstoffe an den Schnittkanten leichter ausfransen können als Baumwollstoffe. Daher ist es wichtig, unbedingt alle Schnittkanten beim Verarbeiten zu versäubern, das fertige Dirndl bei Bedarf in die Reinigung zu geben und nicht selbst zu waschen.
Jacquardstoffe sind Stoffe mit eingewebten, vielfältigen Mustern, die zum Beispiel aus Seide, Viskose, Baumwolle oder synthetischen Fasern bestehen können. Jacquards wurden bei den Modellen Lara und Josefa verwendet. Auch Dirndl aus Jacquardstoffen sollten in die Reinigung gegeben werden.
Spitzenstoffe können verschiedene Strukturen haben und fein oder grob durchbrochen sein, ich empfehle solche mit mittelgrober Struktur, da sie eine schöne Optik geben, aber nicht zu viel Haut zeigen. Die meisten bestehen aus Baumwolle oder aus einer Baumwollmischung. Optimal ist es, wenn die Webkanten einen Bogenabschluss haben, da man sie dann wie bei der Dirndlbluse Franka für die Ärmel verwenden kann. Diese werden so zugeschnitten, dass die Bogenkanten als Saumabschluss dienen. Blusen aus einfacher Baumwollspitze kann man selbst waschen, während man solche mit empfindlicherer Struktur am besten reinigen lässt.

Futterstoffe & Einlagen

FUTTERSTOFFE

Futterstoffe finden Verwendung bei dem Abfüttern der Oberteile und als Taschenbeutel. Wobei für die Taschenbeutel auch ganz nach Wunsch der gleiche Oberstoff eingesetzt werden kann. Baumwoll- und Leinendirndl füttert man am besten auch mit Baumwollstoff ab, und für Modelle aus feineren und rutschigeren Stoffen wie Seide oder Viskose eignet sich ein Acetat-Futter gut.

EINLAGEN

Einlagen gibt es als Gewebe und als Vlies, beide sind in unterschiedlichen Stärken erhältlich. Ich habe hier bei allen Dirndln Vlieseinlage verwendet, je nach Stärke gibt sie etwas nach und ist nicht so fest wie die gewebte. Je nachdem, wie steif das Oberteil des Dirndls werden soll, kannst du auch etwas festere gewebte Einlage verwenden, beides ist möglich.
Für Tascheneingriffe, Reißverschlusskanten oder Hakenverschlüsse wurde ein fertiges vier Zentimeter breites Einlageband aus Vlies verwendet, das sich einfach aufbügeln lässt.

Verwendete Stoffe

Die Dirndl in diesem Buch wurden alle mit Stoffen von der Firma Stapf Textil (Imst/Österreich) und der Firma Trachtlerei (Marktoberdorf/Deutschland) genäht. Anbei findest du eine genaue Übersicht der verwendeten Stoffe.

OUTFIT LUISA

weißer Blusenstoff:
100 % Baumwolle, Stapf Textil
bedruckter Dirndl- und Schürzenstoff:
100 % Baumwolle, Stapf Textil
bedruckter Baumwoll-Futterstoff:
100 % Baumwolle, Stapf Textil

OUTFIT CLARA

weißer Blusenstoff:
100 % Baumwolle, Stapf Textil
bedruckter Dirndl- und Schürzenstoff:
100 % Baumwolle, Stapf Textil
bedruckter Baumwoll-Futterstoff:
100 % Baumwolle, Stapf Textil

OUTFIT LOLA

weißer Blusenstoff:
100 % Baumwolle, Stapf Textil
bedruckter Dirndl- und Schürzenstoff:
100 % Baumwolle, Stapf Textil
bedruckter Baumwoll-Futterstoff:
100 % Baumwolle, Stapf Textil

OUTFIT LARA

weißer Spitzenstoff:
100 % Baumwolle, Trachtlerei
gemusterter Dirndl- und Schürzenstoff:
Jacquard-Stoff aus Wollmischung,
Trachtlerei
unifarbener Baumwoll-Futterstoff:
100 % Baumwolle, Trachtlerei

OUTFIT JOSEFA

weißer Blusenstoff:
100 % Baumwolle, Stapf Textil
gemusterter Dirndl- und Schürzenstoff:
Jacquard-Stoff aus Wollmischung,
Trachtlerei
unifarbener Baumwoll-Futterstoff:
100 % Baumwolle, Trachtlerei

Zutaten

1 DRUCKKNÖPFE, TRANSPARENTE KNÖPFE

Für den Verschluss des Dirndlrocks kannst du ganz normale Standard-Druckknöpfe verwenden, es gibt sie in verschiedenen Größen und aus Metall oder Kunststoff. Du hast auch die Möglichkeit, anstelle der Druckknöpfe transparente Knöpfe zu verwenden. Sie bieten den Vorteil, dass sie sehr leicht und flach und ebenfalls in verschiedenen Größen erhältlich sind.

2 DIRNDLKNÖPFE

Dirndlknöpfe gibt es in verschiedenen Ausführungen, verziert, gemustert oder uni, sowie in diversen Formen: eckig, quadratisch, rund, kugelförmig oder flach, und auch in vielen Größen. Für die Modelle im Buch wurden leicht gewölbte Metall- und Kunststoffknöpfe mit Steg verwendet. Knöpfe können allgemein aus Kunststoff, Holz, Horn oder Metall sein. Die schönsten Dirndlknöpfe findet man meist in Trachtengeschäften, die Nähbedarf führen, wie zum Beispiel das der Firma Trachtlerei in Marktoberdorf.

3 BLUSENKNÖPFE

Für die Blusen in diesem Buch wurden kleine Perlmuttknöpfe oder Perlenknöpfe verwendet. Sie passen einfach zu jeder Art von Bluse und sehen immer elegant aus. Es gibt sie in unterschiedlichen Größen.

4 HAKEN UND ÖSEN

Die Haken und Ösen sind Standardzutaten, kleine wurden für die Bluse Franka oder auch für das Dirndl Lara oben am Ausschnitt verwendet, größere und stärkere für das Dirndl Josefa an der vorderen Kante.

5 FERTIGES SCHRÄGBAND

Das fertige Schrägband aus Baumwolle hat vorgebügelte Bruchkanten, die das Annähen erleichtern. Es wurde für das Versäubern der Armlöcher beim Dirndl Luisa verwendet. Schrägbänder gibt es aus Baumwolle und Satin und in zahlreichen Farbtönen.

6 GUMMIBAND

Für die Dirndlblusen wurde ein Standard-Gummiband verwendet, das eine Breite von ca. 0,8 cm hat.

7 REISSVERSCHLUSS

Der Standardreißverschluss für das Dirndlkleid Lara hat eine Länge von 50 cm, besteht aus Kunststoff und ist nicht teilbar.

8 SCHÜRZENSCHLIESSE

Die Schließen für Dirndlschürzen gibt es in verschiedenen Ausführungen, Größen und auf der Rückseite mit oder ohne Steg. Sie werden als Zierelement und Blickfang am Gürtel der Dirndlschürze angebracht. Man findet sie nur im Fachhandel, wie etwa bei der Firma Trachtlerei in Marktoberdorf.

9 STIFTELBAND ODER REIHKARO

Mit dem Stiftelband und dem Reihkaro lässt sich die obere Kante der Schürze so einreihen, dass sie eine „gestiftelte" Optik hat, d.h. dass sich damit gleichmäßig aneinandergereihte „Stifte" oder Falten ergeben. Am einfachsten erzielt man diese Wirkung mit dem Stiftelband. Es wird an der Oberkante aufgenäht und dann die Partie mithilfe der bereits eingezogenen Reihfäden im Band eingekräuselt. Das Reihkaro ist ein Band mit aufgedruckter oder eingewebter Karoeinteilung, das an den Kanten aufgesteppt wird. Das Karo ermöglicht gleichmäßige Heftstiche, die als Reihfäden von Hand genäht werden. Das ist wesentlich aufwendiger als mit dem Stiftelband, aber auch die traditionellste Methode des „Stiftelns".

Passform

Für die einfache Ermittlung deiner Dirndlgröße empfehle ich dir, dich vermessen zu lassen und deine Maße mit denen der nachfolgenden Körpermaßtabelle zu vergleichen. Kopiere den Schnitt dann in der Größe, die deinen Maßen am ehesten entspricht.

KÖRPERMASSTABELLE BEI EINER KÖRPERGRÖSSE VON CA. 168 CM:

	34	36	38	40	42	44	46	48
BRUST-UMFANG	80	84	88	92	96	100	104	110
GUMMIBAND FÜR BLUSE	72	76	80	84	88	92	96	100
TAILLEN-UMFANG	65	68	72	76	80	84	88	94,5
HÜFT-UMFANG	90	94	97	100	103	106	109	114

Bitte beachte, dass die Dirndlkleider generell eine sehr enge Passform haben. Die Schnitte in diesem Buch haben eine übliche Größenstaffelung von 34–48.

Für eine optimale Passform empfehle ich, zunächst ein Probeteil aus einem günstigen Ersatzstoff wie Baumwollnessel anzufertigen. Daran kannst du die Passformänderungen nach Belieben abstecken, anschließend überträgst du sie auf deinen eigenen Schnitt und nähst das Dirndl erst dann aus dem Originalstoff. Wenn du mehr über Schnittanpassung wissen möchtest, kann ich dir das Buch „Die perfekte Passform" von Joi Mahon empfehlen, ebenfalls im Stiebner-Verlag erschienen.

Für die Anprobe ist es ratsam, an den Seitennähten 3 cm, an den Teilungsnähten 2 cm und auch an den Schulternähten 2 cm breite Nahtzugaben hinzuzufügen, damit du bei Bedarf noch genügend Stoff zum Erweitern des Oberteils hast.

Aus der Körpermaßtabelle kannst du die Länge des Gummibands für deine jeweilige Größe für den Saumtunnel der Bluse entnehmen. Am besten ist es, wenn du die Länge des Gummibands bei der Fertigstellung der Bluse durch eine Anprobe anpasst.

Auch die Rocklänge kannst du nach deinen Wünschen anpassen. Ich achte generell darauf, dass der Rock bei Dirndln nicht zu kurz wird. Danach passt du die Länge der Schürze an, sie sollte drei Zentimeter oberhalb des Rocks enden, damit dieser darunter hervorblitzt. Die Schürzen sind so konzipiert, dass sie an den Seitennähten jeweils drei Zentimeter schmaler sind, damit sie optisch „schlank" machen.

Zuschnitt

STOFFBREITE

Beim Zuschnitt wird eine Standardbreite bei Ober- und Futterstoffen von 140 cm und bei Einlagen von 90 cm vorausgesetzt.
Wenn dein Stoff eine andere Breite hat, solltest du die Schnittteile entsprechend anordnen und berücksichtigen, dass du womöglich einen höheren Stoffverbrauch haben wirst. Das gilt ebenfalls für Futter- oder Spitzenstoffe.
Die Stoffe und Futterstoffe werden meist im Bruch zugeschnitten, mit der rechten Stoffseite innen. Die Einlage kann auch doppellagig zugeschnitten werden, mit der Klebeseite nach innen. Und manchmal muss der Stoff einlagig zugeschnitten werden, dann liegt die rechte Seite oben. Diese Angaben findest du aber noch einmal bei den Zuschnittplänen zu den Dirndl-Outfits.

ZUSCHNITT BEI MUSTERN

Falls du einen gemusterten Stoff hast, solltest du prüfen, ob das Muster gleichmäßig verläuft oder nur in einer Richtung. Achte bei einem einseitigen Muster darauf, dass alle Schnittteile in die gleiche Richtung aufgelegt und zugeschnitten werden. Falls du hierbei Hilfe und mehr Informationen benötigst, dann kann ich dir das Buch von Yoshiko Mizuno „Zuschneiden perfekt“ (Stiebner-Verlag) sehr empfehlen. Dort wird auf all diese Details eingegangen.

NAHTZUGABE

Du findest die Schnittmuster für alle Größen (34–48) auf den Schnittbogen. Bitte beachte, dass die Schnitte keine Nahtzugaben enthalten und diese noch angefügt werden müssen. Kleinere Schnittteile wie Belege für Ausschnitte oder kurze Ämelvarianten sind nicht in den Schnittbogen enthalten, sondern müssen aus den großen Teilen herauskopiert werden. Genaue Angaben zu diesen Arbeitsschritten findest du ab Seite 108. Die Schnittteile, die im Bruch zugeschnitten werden, sind jeweils halbe Vorder- oder Rückteile etc., berücksichtige das bitte beim Vergleichen deiner Maße mit denen in der Maßtabelle.
Übertrage unbedingt beim Kopieren des Schnittmusters alle Markierungen, sie sind beim Zusammennähen der Schnittteile sehr wichtig. Die einzelnen Symbole und Zeichen werden auf den Bogen nochmals erläutert.

Die Dirndl

Dirndl-Outfit Luisa

Das Outfit Luisa besteht aus der Dirndlbluse Wilma, dem Dirndlkleid Luisa und einer Schürze.

Luisa zeichnet sich durch einen tiefen geschwungenen Ausschnitt und einen Knopfverschluss aus. Vorn hat das Oberteil gerade Teilungsnähte, hinten Wiener Nähte (für eine besonders gute Passform). Der Rock ist in Falten gelegt, die Technik ist einfach und wirkungsvoll. Die Bluse Wilma hat einen gerundeten V-Ausschnitt, einen Tunnelzug am Saum und kurze Ärmel. Du kannst sie auch in die Bluse Alma mit Knopfverschluss verwandeln (siehe Seite 104). Die Schürze zum Dirndl-Outfit Luisa wird in Falten gelegt und hat schmale Bindebänder.

DIRNDLKLEID LUISA, BLUSE WILMA, SCHÜRZE MIT FALTEN

Dirndlbluse Wilma

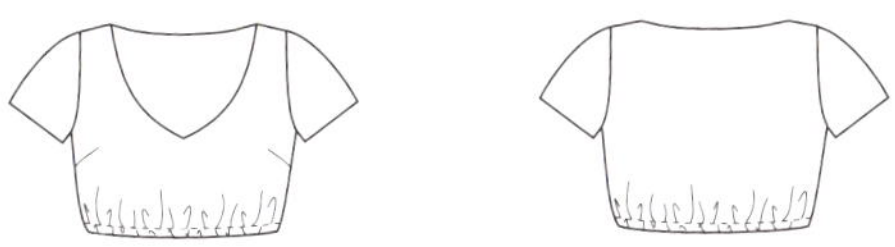

Dirndlschürze Luisa

Dirndl Luisa

LERNINHALTE:

- Schnittvorlagen für Belege erstellen
- Brustabnäher
- V-Ausschnitt
- Tunnelzug am Saum
- Ärmel einsetzen
- Wiener Nähte
- Schnittvorlage für vorderes Futter ohne Beleg erstellen
- Armloch mit Schrägband verstürzen
- Falten legen an Rock und Schürze
- Rockschlitz mit Übertritt
- Bindebänder
- Bundverarbeitung

Dirndlbluse Wilma

MIT V-AUSSCHNITT UND KURZEN ÄRMELN

MATERIALIEN (FÜR GRÖSSE 38):

90 cm weißer Baumwollstoff, 40 x 40 cm Bügeleinlage, 80 cm Gummiband (1–1,5 cm breit, Länge für weitere Größen siehe Maßtabelle auf Seite 10), farblich passendes Näh- und Overlockgarn

SCHNITTTEILE:

Schnittmusterbogen A und F, Schnittvorlagen kopieren, Vorlage für den Ausschnittbeleg erstellen wie auf Seite 109 beschrieben, Zuschnitt vorbereiten wie auf Seite 11 beschrieben.

Empfohlene Nahtzugaben:

SCHNITTTEIL	ZUSCHNEIDEN	NAHTZUGABEN
Vorderteil, Rückenteil, Ärmel	je 1x Oberstoff im Bruch, Ärmel 2x	1 cm, Saum 2,5 cm
Vorderteilbeleg, Rückenteilbeleg	je 1x Oberstoff im Bruch	1 cm

ZUSCHNEIDE-, EINLAGE- UND OVERLOCKPLAN:

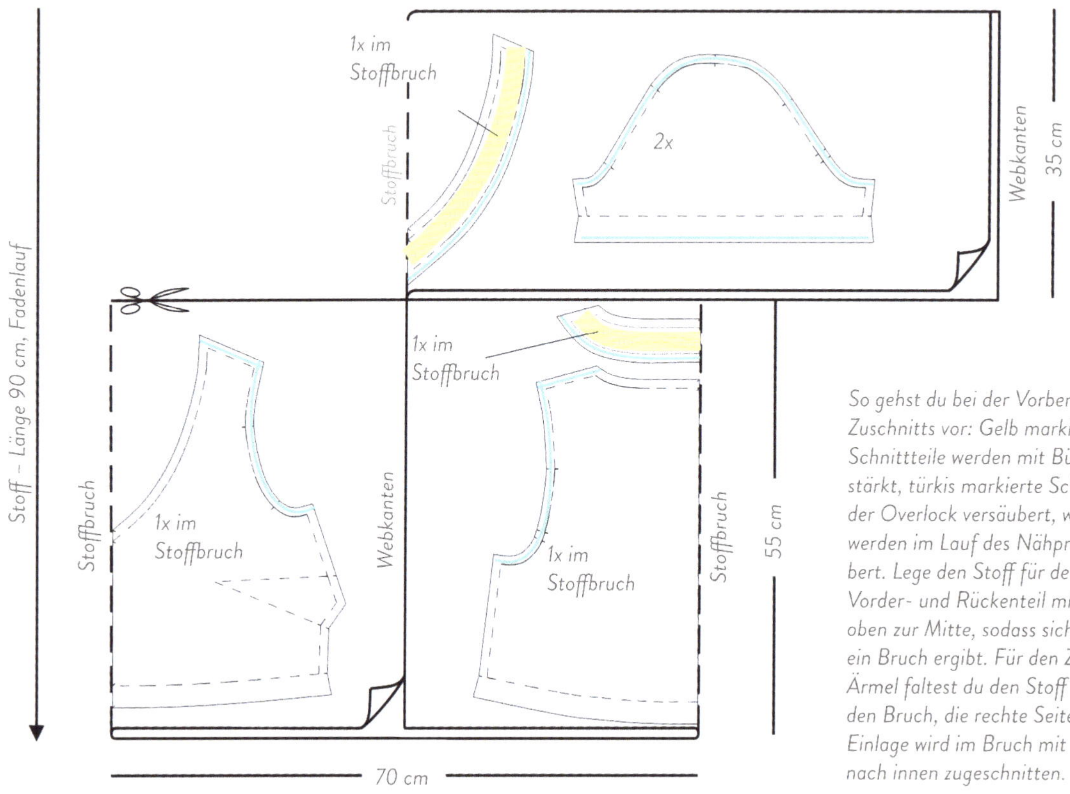

So gehst du bei der Vorbereitung des Zuschnitts vor: Gelb markierte Flächen bzw. Schnittteile werden mit Bügeleinlage verstärkt, türkis markierte Schnittkanten mit der Overlock versäubert, weitere Kanten werden im Lauf des Nähprozesses versäubert. Lege den Stoff für den Zuschnitt von Vorder- und Rückenteil mit den Webkanten oben zur Mitte, sodass sich an beiden Seiten ein Bruch ergibt. Für den Zuschnitt der Ärmel faltest du den Stoff an einer Seite in den Bruch, die rechte Seite liegt innen. Die Einlage wird im Bruch mit der Klebeseite nach innen zugeschnitten.

1

Vorderteil- und Rückenteilbeleg an den Schultern rechts auf rechts legen und zusammennähen. Nahtzugaben auseinanderbügeln.

2

Die Saumzugabe der Ärmel 3 cm umbügeln, 0,3 und 2,5 cm breit absteppen. An der Armkugel im oberen Bereich zwischen den Passzeichen eine Reihnaht nähen wie auf Seite 121 beschrieben.

3

Die Ärmel jeweils an der kurzen Längsnaht rechts auf rechts aufeinanderstecken und mit 1 cm Zugabe zusammennähen. Nahtzugaben zusammen versäubern und nach vorn bügeln.

4

Das Ende der Overlocknaht unter die umgebügelte Nahtzugabe schieben und die Nahtzugabe im Saumbereich von rechts feststeppen.

5

Die Ärmelweite an der Armkugel einreihen: dafür jeweils den Oberfaden der Steppnaht festhalten und den Stoff vorsichtig zusammenschieben, die Kräusel gleichmäßig verteilen (siehe auch Seite 121).

6

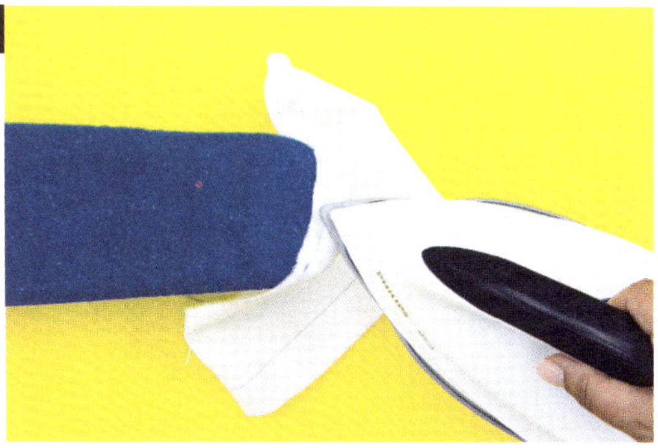

Die Mehrweite an der Nahtzugabe der Armkugel einbügeln, um diese für das Einnähen vorzubereiten.

7

Die Brustabnäher nähen und bügeln wie auf Seite 117 beschrieben.

8

Die Saumzugabe von Vorder- und Rückenteil jeweils um 2,5 cm nach links umbügeln.

9

Das Vorderteil rechts auf rechts auf das Rückenteil legen, an beiden Seiten 1 cm breit zusammennähen, die Nahtzugaben zusammen versäubern und nach hinten bügeln.

10

Die Teile an den Schultern 1 cm breit zusammennähen und die Nahtzugaben auseinanderbügeln.

11

Die Saumzugabe rundherum versäubern und feststecken, an einer Seitennaht mit Stecknadeln eine Öffnung von ca. 2 cm markieren. Den Saum 1,5 cm breit bis auf die Öffnung feststeppen.

12

Mithilfe einer Sicherheitsnadel das Gummiband in der gewünschten Länge in den Saum einziehen. Die Bandenden aufeinandernähen oder verknoten.

13

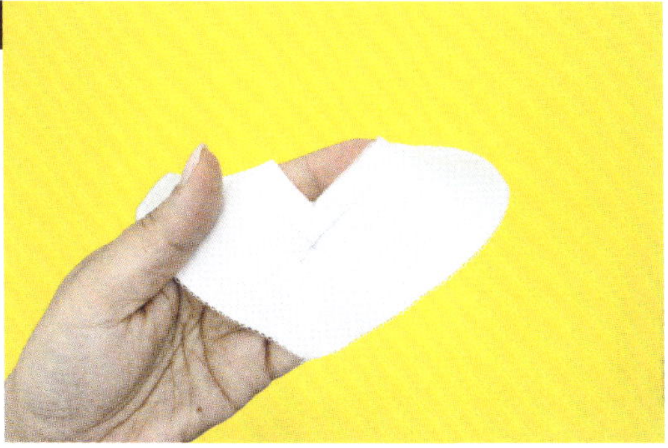

An der inneren Spitze des Vorderteilbelegs die Nahtzugabe 1 cm breit einzeichnen, um die Spitze des V-Ausschnitts exakt nähen zu können.

14

Den Ausschnittbeleg rechts auf rechts auf den Ausschnitt des Rumpfteils stecken und 1 cm breit zusammennähen.

15

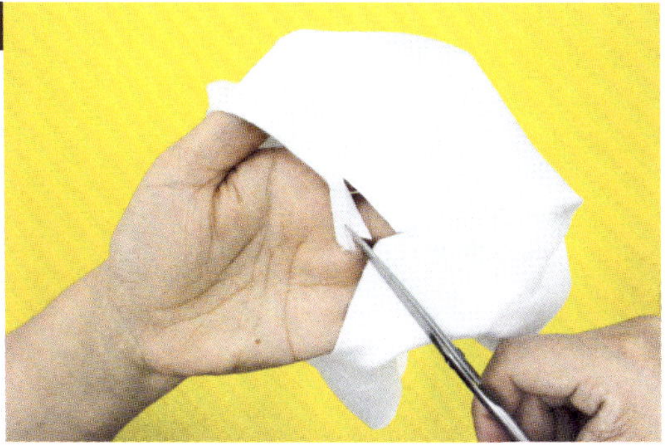

Die Nahtzugabe an der Spitze des V-Ausschnitts bis kurz vor die Naht einschneiden und die Nahtzugabe rundherum auf ca. 0,5 cm zurückschneiden.

16

Ebenso die Nahtzugaben an Nahtkreuzungen wie an der Schulter schräg abschneiden, damit die Übergänge flacher werden.

17

Den Beleg nach innen klappen, die verstürzte Ausschnittkante ausformen und bügeln.

18

Die Ausschnittkante von rechts 0,3 und 3 cm breit absteppen, dabei an einer Schulternaht beginnen. Den Ausschnitt nochmals bügeln.

19

Die Ärmel rechts auf rechts in die Armlöcher schieben und feststecken, darauf achten, dass die Passzeichen aufeinanderliegen (einfacher Knips vorn und Doppelknips hinten).

20

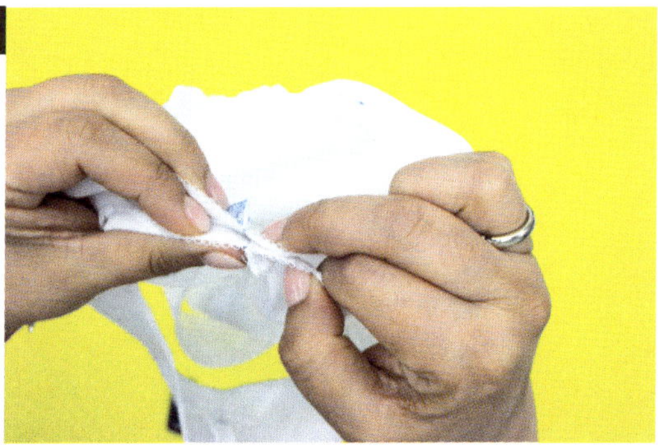

Beim Feststecken der Ärmel die Nahtzugaben an der Seitennahtkreuzung in entgegengesetzte Richtungen legen, damit der Übergang flach wird.

21

Die Ärmel rundherum mit 1 cm Nahtzugabe festnähen, dann die Nahtzugaben im oberen Bereich (bis etwa zu den Passzeichen) zusammen in das Rumpfteil bügeln.

Dirndloberteil Luisa

MIT TIEFEM AUSSCHNITT UND KNOPFVERSCHLUSS

MATERIALIEN (FÜR GRÖSSE 38):

50 cm Oberstoff, 50 cm Futterstoff, 90 x 90 cm Bügeleinlage, 1,25 m Schrägband (vorgebügelt, 1,8 cm breit, farblich passend), 6 Knöpfe (Ø 1,5 cm), farblich passendes Näh- und Overlockgarn

SCHNITTTEILE:

Schnittmusterbogen B, Schnittvorlagen kopieren, Zuschnitt vorbereiten wie auf Seite 11 beschrieben.

Empfohlene Nahtzugaben:

SCHNITTTEIL	ZUSCHNEIDEN	NAHTZUGABEN
mittleres Vorderteil	2x Oberstoff, 2 x Futter (ohne Beleg)	1 cm, Taille 4 cm
mittleres Rückenteil	1x Oberstoff, 1x Futter (beide im Bruch)	1 cm, Taille 4 cm
seitliches Vorderteil	je 2x Oberstoff, 2x Futter	1 cm, Taille 4 cm, Seite 3 cm
seitliches Rückenteil	2x Oberstoff, 2x Futter	1 cm, Taille 4 cm, Seite 3 cm

ZUSCHNEIDE-, EINLAGE- UND OVERLOCKPLAN:

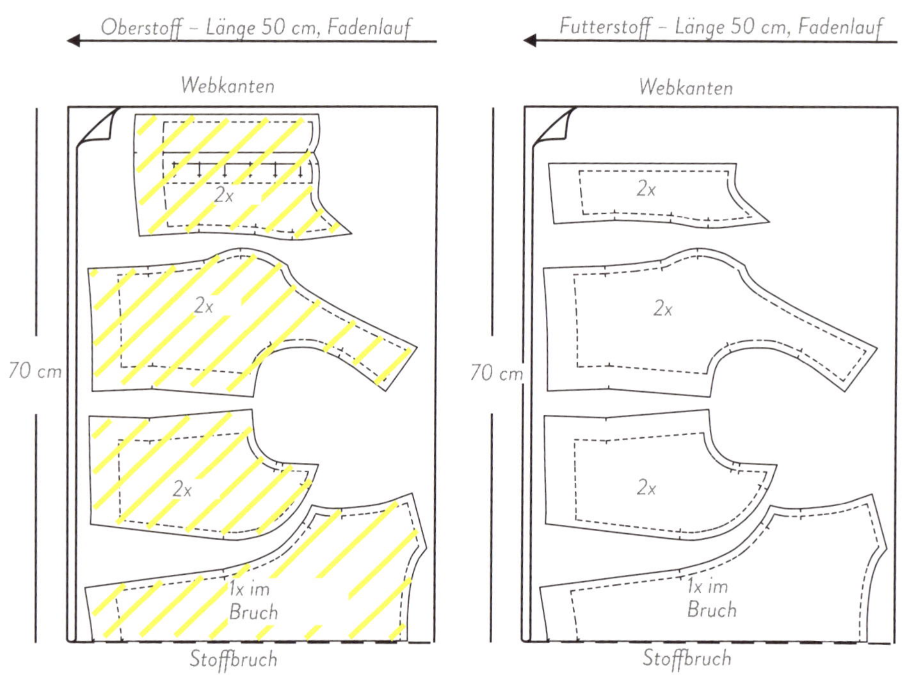

So gehst du bei der Vorbereitung des Zuschnitts und der Schnittteile vor: Gelb markierte Flächen bzw. Schnittteile werden mit Bügeleinlage verstärkt. Lege den Stoff an den Webkanten aufeinander, sodass die gefaltete Seite den Bruch bildet; die rechte Stoffseite liegt innen. Die Einlage wird genauso gefaltet, dabei liegt aber die Klebeseite innen.

1

Den angeschnittenen Beleg an beiden Vorderteilen nach links umbügeln.

2

Die vorderen Seitenteile sorgfältig an die Vorderteile stecken, dabei auf die Rundung achten. Die Teile mit 1 cm Nahtzugabe zusammennähen.

3

Die hinteren Seitenteile sorgfältig an die seitlichen Rundungen des Rückenteils stecken und festnähen.

4

Die Nahtzugaben der vorderen und hinteren Teilungsnähte auseinanderbügeln, dann vorsichtig auf eine Breite von 0,5 cm zurückschneiden, damit sie sich gleichmäßig rund legen.

5

Vorderteil- und Rückenteil an den Schultern 1 cm breit zusammennähen, Zugaben auseinanderbügeln. Das Futter wie bei den Schritten 2–5 verarbeiten, dabei entfällt das Umbügeln der vorderen Kante.

6

Die vordere Kante des Futters rechts auf rechts an den angeschnittenen Beleg des Oberstoffteils stecken und mit 1 cm Nahtzugabe festnähen.

7

Das Futter an der Belegnaht von rechts so bügeln, dass die Nahtzugaben zur Seitennaht zeigen.

8

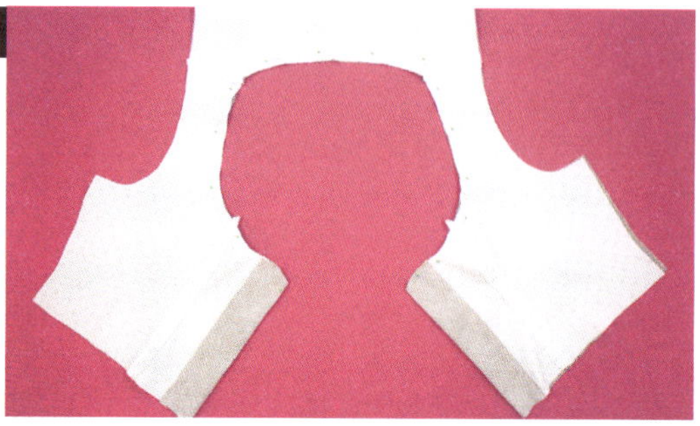

Oberteil so wenden, dass die rechten Seiten innen und exakt aufeinanderliegen. Teile am Ausschnitt stecken, dabei müssen die Teilungs- und Schulternähte aufeinandertreffen. Ausschnittkanten 1 cm breit zusammennähen, darauf achten, dass die Naht nicht ausgedehnt wird.

9

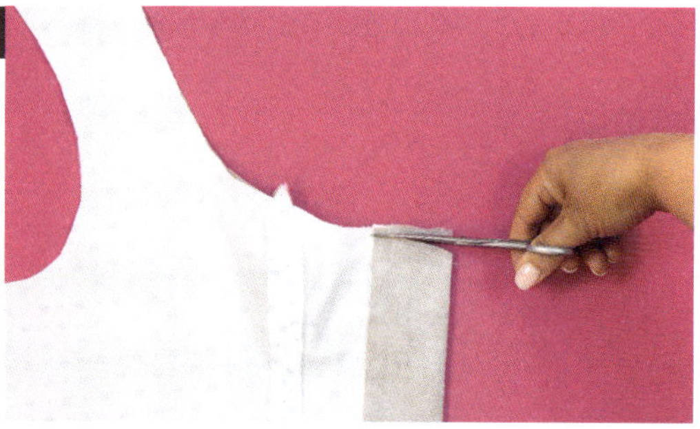

Dann die Nahtzugabe am Ausschnitt vorsichtig auf 0,5 cm zurückschneiden und die Ecken an den Teilungsnähten abschrägen.

10

Das Oberteil nach rechts wenden und dabei die vorderen Ecken und die Nahtkante schön ausformen. Dann die verstürzte Kante sorgfältig bügeln.

11

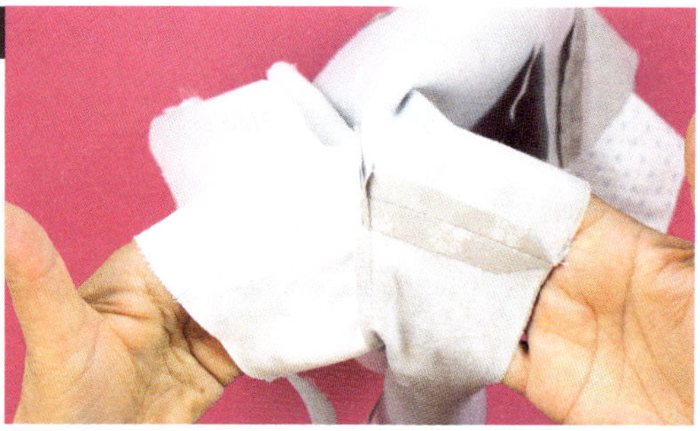

Die Nahtzugaben der Schulternaht auch am Armloch abschrägen, damit die Nähte flach liegen.

12

Dann das vorgebügelte Schrägband auf einer Seite längs aufklappen, eine Einschlagbreite im Bruch abschneiden. Das Schrägband liegt nun auf einer Seite doppelt und auf der anderen nur einfach.

13

Die Armlöcher der beiden Lagen exakt aufeinanderlegen (linke Stoffseiten liegen innen) und nun das Schrägband mit der abgeschnittenen Kante rechts auf rechts bündig an die Armlochkanten stecken. Das Band mit ca. 1 cm Nahtzugabe festnähen.

14

Anschließend die Nahtzugaben am Armloch auf ca. 0,3–0,5 cm zurückschneiden.

15

Das angenähte Band nun nach innen zum Futter klappen und die verstürzte Kante bügeln.

16

Das Armloch von rechts 0,7 cm breit absteppen, dabei wird das Band mitgefasst.

17

Nahtzugaben der Seiten- und Taillennähte jeweils zusammen versäubern (Stoff und Futter). Teile an den Seiten rechts auf rechts stecken und 3 cm breit zusammennähen, Nahtzugaben auseinanderbügeln.

18

Die Knopflochpositionen vom Schnitt auf das rechte Vorderteil übertragen, Knopflöcher in gewünschter Länge und Anzahl einarbeiten. Dann anhand der Knopflöcher die Knopfpositionen auf das linke Vorderteil übertragen (mehr dazu auf Seite 124). Anschließend wird das Rockteil wie folgt genäht.

Dirndlrock Luisa

MIT FALTEN

MATERIALIEN (FÜR GRÖSSE 38):

1,80 m Oberstoff, 50 cm Einlageband zum Aufbügeln (4 cm breit), farblich passendes Näh- und Overlockgarn

SCHNITTTEILE:

Schnittmusterbogen D und F, Schnittvorlagen kopieren, Vorlage für das linke und das rechte Vorderteil erstellen wie auf Seite 115 beschrieben, Vorderteilvorlagen mit der beschrifteten Seite nach oben auf die rechte Stoffseite legen.
Die Schnittvorlage der gewünschten Rocklänge anpassen.

Empfohlene Nahtzugaben:

SCHNITTTEIL	ZUSCHNEIDEN	NAHTZUGABEN
linkes und rechtes vorderes Rockteil	je 1x Oberstoff	Mitte 1 cm, Seite 3 cm, Taille 2 cm, Saum 5 cm
hinteres Rockteil	1x Oberstoff	Seiten 3 cm, Taille 2 cm, Saum 5 cm

ZUSCHNEIDE-, EINLAGE- UND OVERLOCKPLAN:

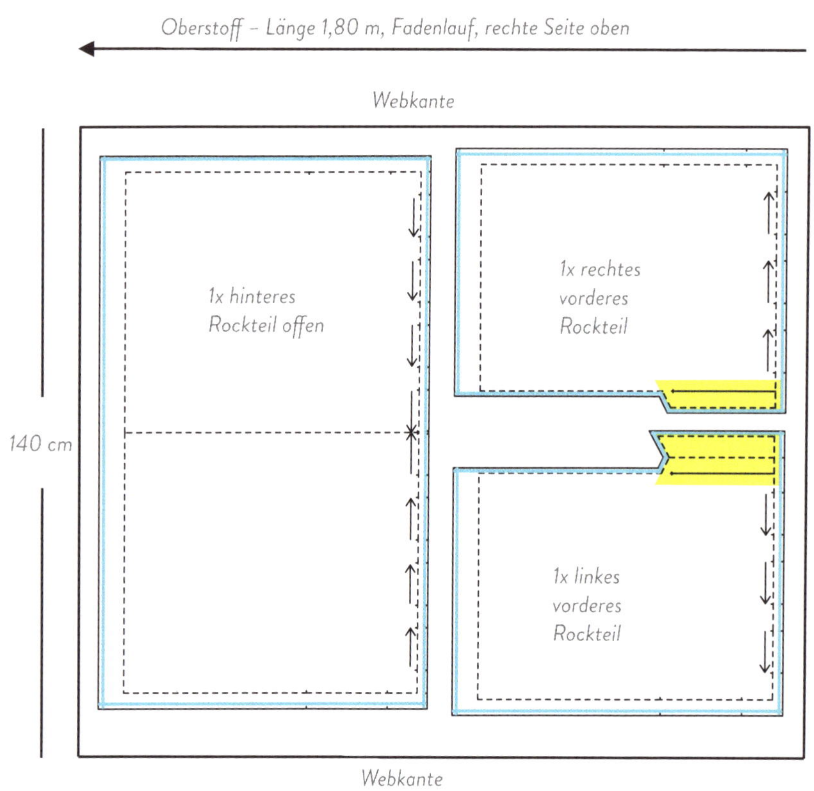

So gehst du bei der Vorbereitung des Zuschnitts und der Schnittteile vor: Gelb markierte Flächen bzw. Schnittteile werden mit Einlageband verstärkt, türkisfarbene Kanten mit der Overlock versäubert. Der Stoff wird offen zugeschnitten, die rechte Seite liegt oben.

1

Zunächst die Saumzugaben an allen Rockteilen jeweils 5 cm umbügeln.

2

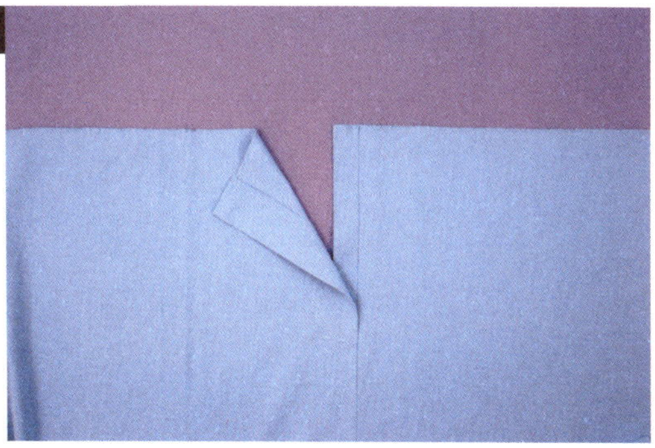

Dann die beiden Vorderteile mit dem verdeckten Schlitz in der vorderen Mitte so verarbeiten wie auf Seite 126 beschrieben.

3

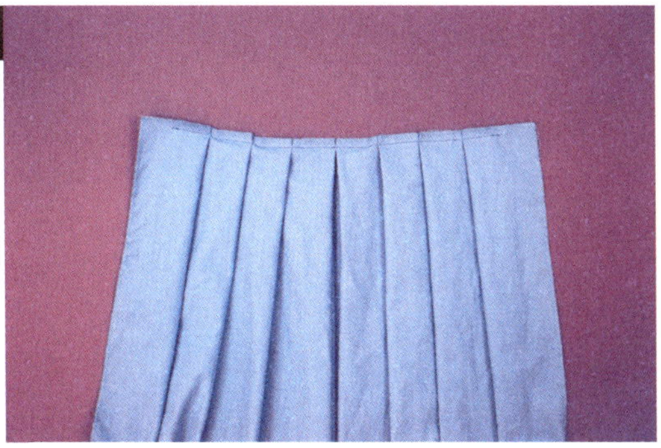

Dann die Falten im rückwärtigen Rockteil so legen, dass sie zur hinteren Mitte zeigen wie detailliert auf Seite 136 beschrieben.

4

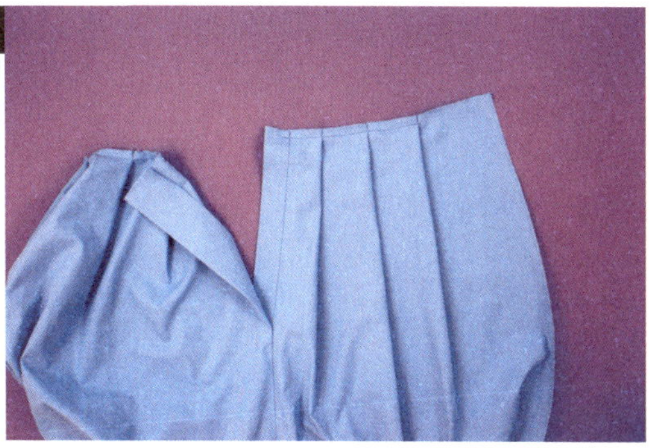

Die Falten in den Vorderteilhälften so legen, dass sie jeweils in Pfeilrichtung zeigen. Vorderes und rückwärtiges Rockteil rechts auf rechts aufeinanderlegen und 3 cm breit zusammennähen, die Nahtzugaben auseinanderbügeln. Die Saumzugabe 4,5 cm breit feststeppen und den Saum noch einmal bügeln.

5

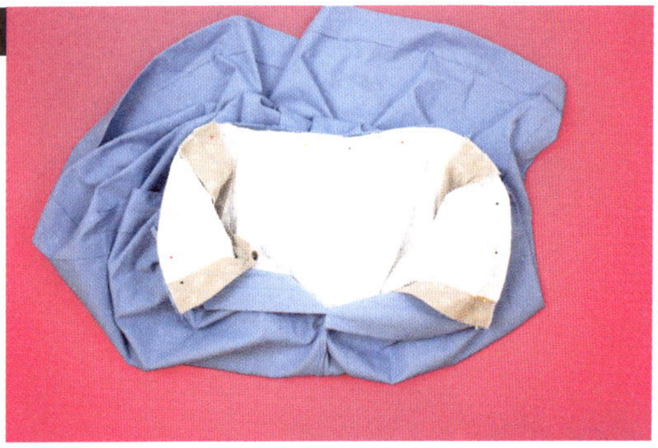

Das Dirndloberteil rechts auf rechts an das Rockteil stecken, sie müssen an den Seitennähten und der hinteren Mitte aufeinandertreffen (auf unterschiedliche Nahtzugaben achten). Beim Zusammennähen den Rockübertrittbeleg nicht mitfassen.

6

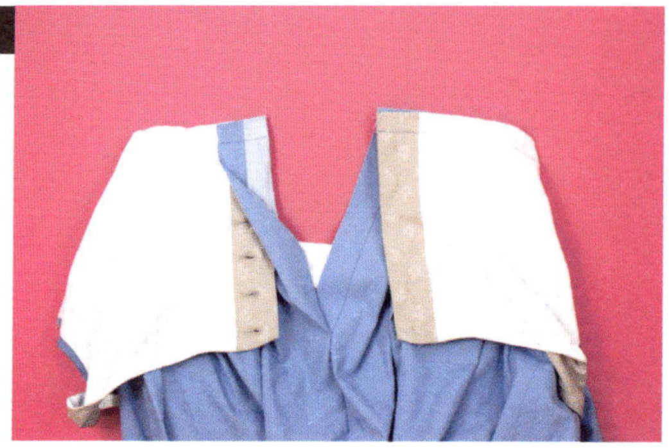

Den Übertrittbeleg des Rocks nach außen über die Innenseite des Oberteils klappen und in der Taillennaht festnähen. Dann diese Taillenecke wieder nach rechts umstülpen und bügeln.

7

So sieht nun der angestürzte Übertrittbeleg aus. Bei diesem Dirndl bleibt der Schlitz offen, das entspricht der traditionellen Verarbeitung.

Dirndlschürze Luisa

MIT FALTEN UND SCHMALEN BINDEBÄNDERN

MATERIALIEN (FÜR GRÖSSE 38):

1,40 m Oberstoff, 15 x 45 cm Bügeleinlage, farblich passendes Näh- und Overlockgarn

SCHNITTTEILE:

Schnittmusterbogen C, Schnittvorlagen kopieren, Vorlage für die Bänder um 44 cm verlängern (siehe Seite 115). Die Schnittvorlage auf die Länge des Rocks abstimmen, die Schürze sollte 3 cm kürzer sein.

Empfohlene Nahtzugaben:

SCHNITTTEIL	ZUSCHNEIDEN	NAHTZUGABEN
Bund	1x Oberstoff im Bruch	1 cm
Band	2x Oberstoff	1 cm
Schürzenteil	1x Oberstoff im Bruch	2 cm, Saum 5 cm

ZUSCHNEIDE-, EINLAGE- UND OVERLOCKPLAN:

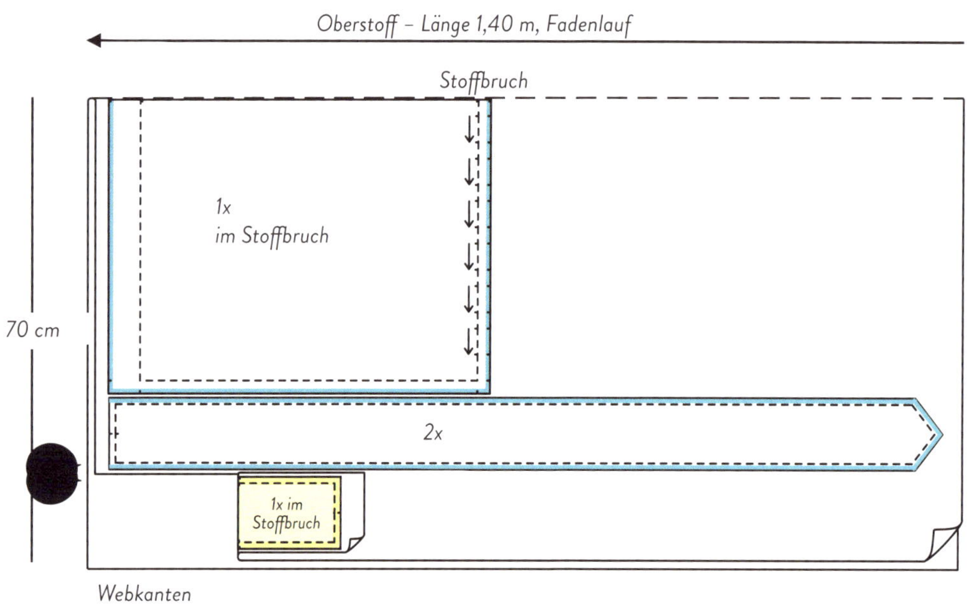

So gehst du bei der Vorbereitung des Zuschnitts und der Schnittteile vor: Gelb markierte Flächen bzw. Schnittteile werden mit Einlageband verstärkt, türkisfarbene Kanten mit der Overlock versäubert. Der Stoff wird für den Zuschnitt mit der rechten Seite nach innen in den Bruch gelegt. Die Einlage kann doppellagig, mit der Klebeseite nach innen zugeschnitten werden.

1

Die seitlichen Kanten und den Saum der Schürze umbügeln und feststeppen wie auf Seite 132 beschrieben.

2

Die Positionen der Falten mit Stecknadeln oder Kreide markieren oder mit der Schere einknipsen.

3

Die Falten der Schürze von der Mitte aus jeweils zur Seite legen und festnähen wie auf Seite 136 beschrieben.

4

Die schmalen Bindebänder nähen wie auf Seite 134 beschrieben.

5

Den Schürzenbund vorbereiten und mit den Bändern annähen wie auf Seite 138 beschrieben.

6

Zum Schluss den Bund knappkantig absteppen und die ganze Schürze noch einmal bügeln.

Dirndl-Outfit Clara

Das Outfit besteht aus der Dirndlbluse Ina, dem Dirndlkleid Clara und einer Schürze.

Clara zeichnet sich durch einen kleinen, runden Halsausschnitt und einen kurzen Knopfverschluss aus, der nach oben in einen Schlitz übergeht. Das Oberteil hat vorn und hinten von der Schulter ausgehende Teilungsnähte. Der Rock ist auch hier in Falten gelegt und hat eine Tasche in der Seitennaht. In der Modellvariante Alma zeige ich dir, wie du das Clara-Oberteil zu einem hochgeschlossenen Dirndloberteil Anna (siehe Seite 101) abwandeln kannst.
Die Bluse Ina hat einen kleinen, runden Ausschnitt mit Schlitz und Knopfverschluss sowie einen Tunnelzug am Saum. Die dreiviertellangen Ärmel sind oben gekräuselt und haben einen kleinen Ärmelschlitz. In der Modellvariante Alma zeige ich dir, wie du Ina zu einer Bluse mit Schlitzöffnung im Rückenteil abwandeln kannst (siehe Seite 101).
Die Schürze zum Dirndl-Outfit Clara wird in Falten gelegt und hat breite Bindebänder.

DIRNDLKLEID CLARA, BLUSE INA, SCHÜRZE MIT FALTEN

Dirndlbluse Ina

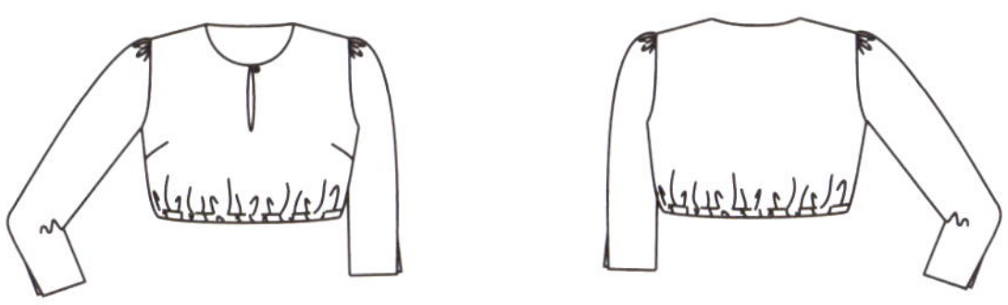

Dirndlschürze Clara

Dirndl Clara

LERNINHALTE:

- Rundhalsausschnitt mit Schlitz und Garnschlaufe
- gekräuselter Ärmel mit Saumschlitz
- Teilungsnähte
- breite Bindebänder, offenlagig
- Knopfverschluss an Dirndloberteil

Dirndlbluse Ina

RUNDHALSAUSSCHNITT MIT SCHLITZ, GEKRÄUSELTER ÄRMEL MIT SCHLITZ

MATERIALIEN (FÜR GRÖSSE 38):

1,10 m weißer Baumwollstoff, 60 x 40 cm Bügeleinlage, 25 cm Einlageband (1,5 cm breit), 80 cm Gummiband (1–1,5 cm breit, für andere Größen siehe Maßtabelle S. 10), 1 kleiner Knopf (Ø 0,8–1 cm), farblich passendes Näh- und Overlockgarn

SCHNITTTEILE:

Schnittmusterbogen A und E, Schnittvorlagen kopieren, Vorlagen für den Ausschnitt- und Ärmelsaumbeleg erstellen wie auf Seite 109 beschrieben, Zuschnitt vorbereiten wie auf Seite 11 beschrieben.

Empfohlene Nahtzugaben:

SCHNITTTEIL	ZUSCHNEIDEN	NAHTZUGABEN
Vorderteil, Rückenteil	je 1x Oberstoff im Bruch	1 cm, Saum 2,5 cm
Ärmel, Ärmelsaumbeleg	je 2x Oberstoff	1 cm
Vorderteilbeleg, Rückenteilbeleg	je 1x Oberstoff im Bruch	1 cm

ZUSCHNEIDE-, EINLAGE- UND OVERLOCKPLAN:

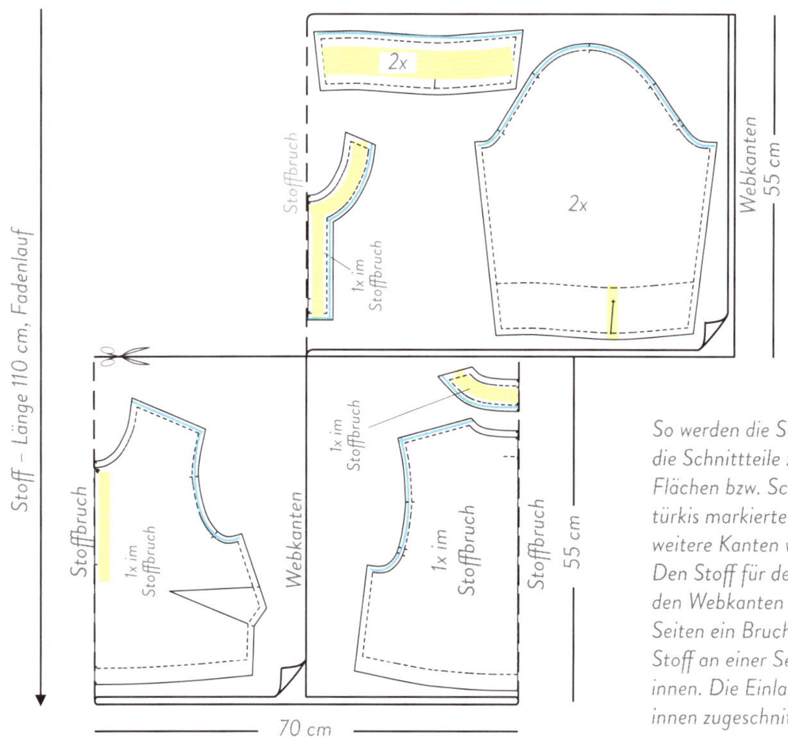

So werden die Schnittvorlagen auf den Stoff aufgelegt und die Schnittteile zum Nähen vorbereitet: Gelb markierte Flächen bzw. Schnittteile werden mit Bügeleinlage verstärkt, türkis markierte Schnittkanten mit der Overlock versäubert, weitere Kanten werden im Lauf des Nähprozesses versäubert. Den Stoff für den Zuschnitt von Vorder- und Rückenteil mit den Webkanten oben zur Mitte legen, sodass sich an beiden Seiten ein Bruch ergibt. Für den Zuschnitt der Ärmel den Stoff an einer Seite in den Bruch falten, die rechte Seite liegt innen. Die Einlage kann im Bruch mit der Klebeseite nach innen zugeschnitten werden.

1

Den Vorder- und den Rückenteilbeleg an den Schultern rechts auf rechts legen und zusammennähen, die Nahtzugaben ausbügeln.

2

Die Brustabnäher im Vorderteil nähen und bügeln wie auf Seite 117 beschrieben. Den Vorderteilbeleg rechts auf rechts auf das Vorderteil stecken, die Schlitzlänge mit einem weichen Bleistift einzeichnen.

3

Anschließend mithilfe eines Kurvenlineals links und rechts von der Schlitzposition einen leichten Bogen einzeichnen.

4

Dann, am Halsloch beginnend, entlang eines Bogens exakt bis zur Spitze nähen, dort Nadel stecken lassen, Nähgut drehen und auf der anderen Seite zurücknähen.

5

Wieder vom Halsloch beginnend, die gerade Linie vorsichtig bis zum Schlitzbeginn einschneiden.

6

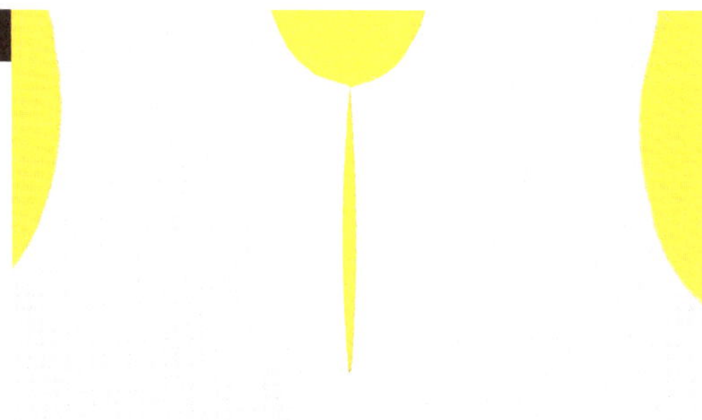

Den Beleg nach innen wenden und die Schlitzkanten sorgfältig ausformen und bügeln.

7

Das Vorder- und Rückenteil an den Schultern rechts auf rechts nähen, die Nahtzugaben auseinanderbügeln.

8

Den Beleg rechts auf rechts auf das Halsloch stecken und festnähen, die Nahtzugaben des Schlitzes nicht mitfassen. Die Nahtzugabe auf 0,3 cm zurückschneiden, Beleg nach innen wenden und die verstürzte Ausschnittkante bügeln.

9

Vorder- und Rückenteil an den Seiten rechts auf rechts zusammennähen, die Nahtzugaben zusammen versäubern und nach hinten bügeln. Den Tunnel am Saum nähen wie auf Seite 119 beschrieben.

10

Den Ärmelschlitz genauso arbeiten wie den Schlitz in der vorderen Mitte (siehe Schritte 2–6).

11

Jeweils die Längskanten an den Ärmeln und den Saumbelegen rechts auf rechts stecken und zusammennähen, Nahtzugaben zusammen versäubern, nach vorn bügeln.

12

Dann den Saumbeleg rechts auf rechts auf den Ärmelsaum stecken, Nahtzugaben des Schlitzes zur Seite legen und den Beleg festnähen. Die Nahtzugabe zurückschneiden, den Beleg nach innen wenden und Kante bügeln.

13

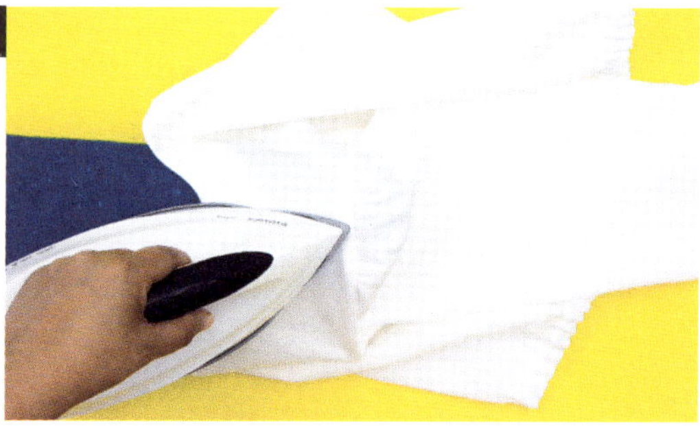

Den Ärmel einsetzen, wie auf Seite 121 beschrieben, und die Ärmelnaht, soweit möglich, bügeln.

14

Auf der linken Schlitzseite oben eine kleine Garnschlaufe nähen, auf der rechten Seite den Knopf annähen.

Dirndloberteil Clara

MIT KNOPFVERSCHLUSS, RUNDHALSAUSSCHNITT UND TEILUNGSNÄHTEN

MATERIALIEN (FÜR GRÖSSE 38):

60 cm Oberstoff, 60 cm Futterstoff, 100 x 90 cm Bügeleinlage, 5 Knöpfe (Ø 1,5 cm), farblich passendes Näh- und Overlockgarn

SCHNITTTEILE:

Schnittmusterbogen D, Schnittvorlagen kopieren, Vorlagen für Vorderteilbeleg und Futter-Vorderteil erstellen wie auf Seite 109 beschrieben, Zuschnitt vorbereiten wie auf Seite 11 beschrieben.

Empfohlene Nahtzugaben:

SCHNITTTEIL	ZUSCHNEIDEN	NAHTZUGABEN
Vorderteilbeleg	2x Oberstoff	1 cm, Taille 4 cm
mittleres Vorderteil	2x Oberstoff, 2x Futter (ohne Beleg)	1 cm, Taille 4 cm
seitliches Vorderteil, seitliches Rückenteil	je 2x Oberstoff, 2x Futter	1 cm, Taille 4 cm, Seite 3 cm
mittleres Rückenteil	1x Oberstoff im Bruch, 1x Futter im Bruch	1 cm, Taille 4 cm

ZUSCHNEIDE-, EINLAGE- UND OVERLOCKPLAN:

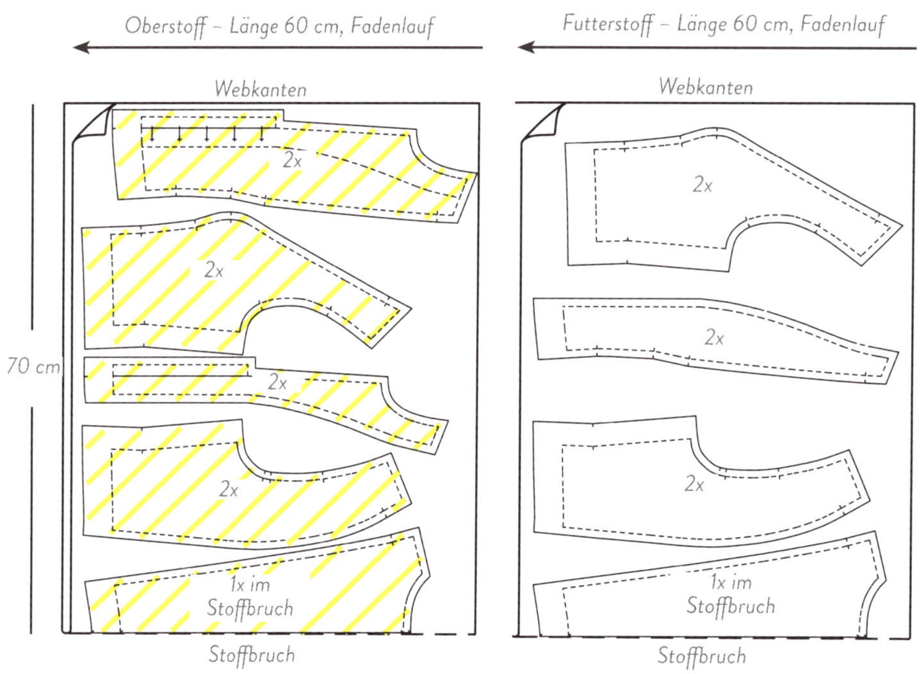

Gelb markierte Flächen bzw. Schnittteile werden mit Bügeleinlage verstärkt. Der Stoff und das Futter werden in den Bruch gelegt, die rechte Stoffseite liegt innen. Die Einlage wird im Bruch und mit der Klebeseite nach innen zugeschnitten.

1

Die vorderen Teile aus Oberstoff rechts auf rechts stecken und zusammennähen, die Nahtzugaben auseinanderbügeln. Die Futtervorderteile genauso zusammennähen.

2

Die Teilungsnähte an den Rückenteilen aus Oberstoff und Futterstoff auf die gleiche Weise schließen, die Nahtzugaben auseinanderbügeln.

3

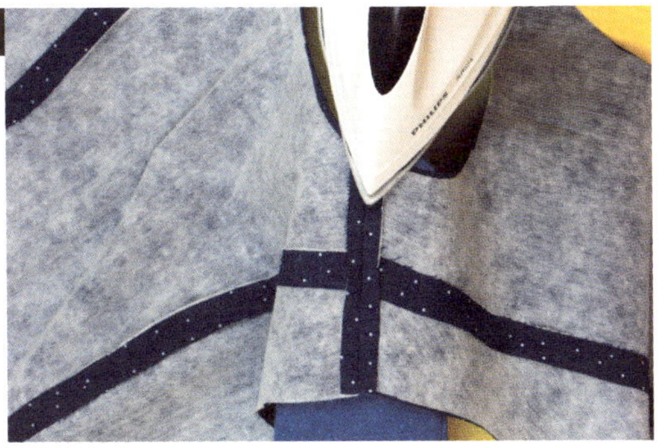

Anschließend das Oberstoffteil an den Schultern rechts auf rechts stecken und zusammennähen. Die Nahtzugaben auseinanderbügeln.

4

Dann die Vorderteilbelege jeweils nur an der vorderen Längskante rechts auf rechts auf die Vorderteile stecken und festnähen, die Nahtzugaben auseinanderbügeln.

5

Die Vorderteile aus Futter an die vorderen Belege nähen und die Nahtzugaben zusammen zur Seitennaht bügeln.

6

Anschließend das Futter an den Schultern rechts auf rechts aufeinanderstecken und zusammennähen. Die Nahtzugaben auseinanderbügeln.

7

Futter- und Oberstoffteil am Halsloch rechts auf rechts aufeinanderstecken und -nähen, sie müssen an den Schulternähten und der hinteren Mitte aufeinanderliegen. Die Nahtzugabe auf 0,3 cm zurückschneiden, Oberteil wenden und die verstürzte Kante ausformen und bügeln.

8

Das Oberteil so hinlegen, dass die linke Stoffseite innen liegt. An der hinteren Taille von unten zwischen die Lagen greifen, dabei die Nahtzugaben des hinteren Armlochs rechts auf rechts legen, herausziehen, bis zur Schulternaht aufeinanderstecken und zusammennähen, dann die Nahtzugabe auf 0,3 cm zurückschneiden.

9

So darf das Armloch bzw. die Schulter im verdrehten Zustand aussehen.

10

Anschließend an der vorderen Taille von unten zwischen die Lagen greifen und dabei die Nahtzugaben des vorderen Armlochs rechts auf rechts legen, herausziehen, bis zur Schulternaht aufeinanderstecken, bis zur hinteren verstürzten Armlochnaht zusammennähen, die Nahtzugabe auf 0,3 cm zurückschneiden.

11

Oberteil nach rechts wenden und das verstürzte Armloch an der Kante ausformen und bügeln. Das gegengleiche Armloch genauso verarbeiten.

12

Die Schnittkanten von Oberstoff und Futter an den Seiten und der Taille aufeinanderlegen und zusammen versäubern. Dann jeweils die Seiten aufeinanderstecken.

13

Das Oberteil an den Seiten zusammennähen und die Nahtzugaben auseinanderbügeln.

14

Die Knopflochpositionen vom Schnitt auf das rechte Vorderteil übertragen, Knopflöcher in gewünschter Länge und Anzahl einarbeiten. Dann anhand der Knopflöcher die Positionen der Knöpfe auf das linke Vorderteil übertragen (mehr dazu auf Seite 124).

Anschließend den Rock wie folgt anfertigen, um beide Teile aneinandernähen zu können.

Dirndlrock Clara

MIT FALTEN UND EINGRIFFTASCHE

MATERIALIEN (FÜR GRÖSSE 38):

1,40 m Oberstoff, 1 m Einlageband (4 cm breit), 3 Druckknöpfe (Ø 1 cm), farblich passendes Näh- und Overlockgarn

SCHNITTTEILE:

Schnittmusterbogen D und F, Schnittvorlagen kopieren, Vorlagen für linkes und rechtes vorderes Rockteil erstellen wie auf Seite 115 sowie für kleinen Taschenbeutel erstellen wie auf Seite 113 beschrieben, Zuschnitt vorbereiten wie auf Seite 11 beschrieben, die Schnittvorlagen auf die gewünschte Rocklänge anpassen.

Empfohlene Nahtzugaben:

SCHNITTTEIL	ZUSCHNEIDEN	NAHTZUGABEN
rechtes vorderes Rockteil, linkes vorderes Rockteil	je 1x Oberstoff	vordere Mitte 1 cm, Taille 2 cm, Seite 3 cm, Saum 5 cm
hinteres Rockteil	1x Oberstoff offen	Taille 2 cm, Seiten 3 cm, Saum 5 cm
kleiner Taschenbeutel, großer Taschenbeutel	je 1x Oberstoff	2 cm

ZUSCHNEIDE-, EINLAGE- UND OVERLOCKPLAN:

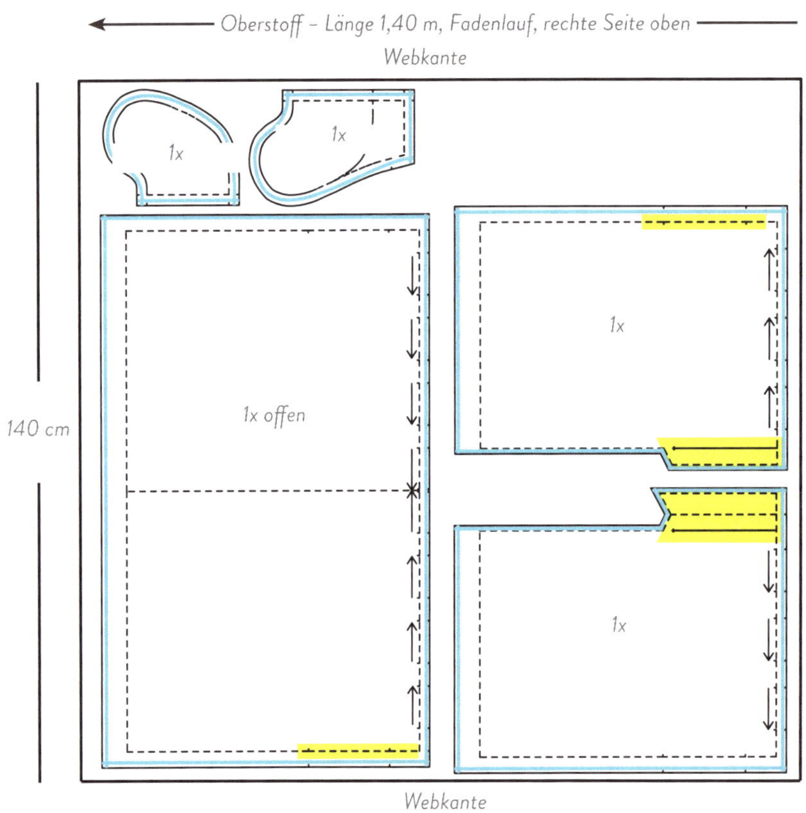

So werden die Schnittvorlagen auf den Stoff aufgelegt und die Schnittteile zum Nähen vorbereitet: Gelb markierte Flächen bzw. Schnittteile werden mit Einlageband verstärkt, türkis markierte Schnittkanten mit der Overlock versäubert. Der Stoff wird einlagig mit der rechten Seite nach oben zugeschnitten.

1

Zuerst die Saumzugaben an den vorderen und hinteren Rockteilen jeweils 5 cm nach links umbügeln.

2

Die Schlitzöffnung in der vorderen Mitte einarbeiten wie auf Seite 126 beschrieben. Anschließend die Positionen für die drei Druckknöpfe vom Schnitt übertragen.

3

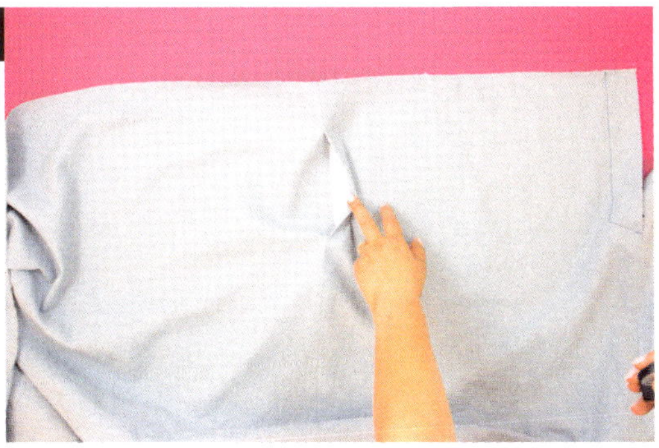

Die Eingrifftasche in die linke Seitennaht einarbeiten wie auf Seite 128 beschrieben. Dann die rechte Seitennaht rechts auf rechts stecken und zusammennähen, Nahtzugaben auseinanderbügeln. Die Saumzugabe nochmals umbügeln und 4,5 cm breit feststeppen, Saum bügeln.

4

Anschließend die Falten im Rock in die entsprechende Pfeilrichtung legen, um sie dann festzunähen wie auf Seite 136 detailliert beschrieben. Bitte dabei den folgenden Schritt beachten.

5

Nach dem Stecken der Falten die obere Kante des Taschenbeutels in Richtung vordere Mitte an der Rockkante feststecken. Die Falten und den Taschenbeutel mit ca. 1,8 cm Nahtzugabe festnähen. Der Beutel kann auch erst nach dem Nähen der Falten befestigt werden.

6

Das Dirndloberteil rechts auf rechts an den Rock stecken, dabei darauf achten, dass sie an den Seitennähten und der hinteren Mitte aufeinandertreffen. Die Nahtzugaben zusammen nach unten bügeln.

7

Zuletzt die drei Druckknöpfe am verdeckten Rockschlitz annähen.

Dirndlschürze Clara

MIT FALTEN UND BREITEN BINDEBÄNDERN

MATERIALIEN (FÜR GRÖSSE 38):

1,40 m Oberstoff, 15 x 45 cm Bügeleinlage, farblich passendes Näh- und Overlockgarn

SCHNITTTEILE:

Schnittmusterbogen C, Schnittvorlagen kopieren, die Vorlage für die Bänder um 44 cm verlängern. Die Schnittvorlage auf die Länge des Rocks abstimmen, die Schürze sollte 3 cm kürzer sein.

Empfohlene Nahtzugaben:

SCHNITTTEIL	ZUSCHNEIDEN	NAHTZUGABEN
Bund	1x Oberstoff im Bruch	1 cm
Band	2x Oberstoff	1 cm
Schürzenteil	1x Oberstoff im Bruch	2 cm, Saum 5 cm

ZUSCHNEIDE-, EINLAGE- UND OVERLOCKPLAN:

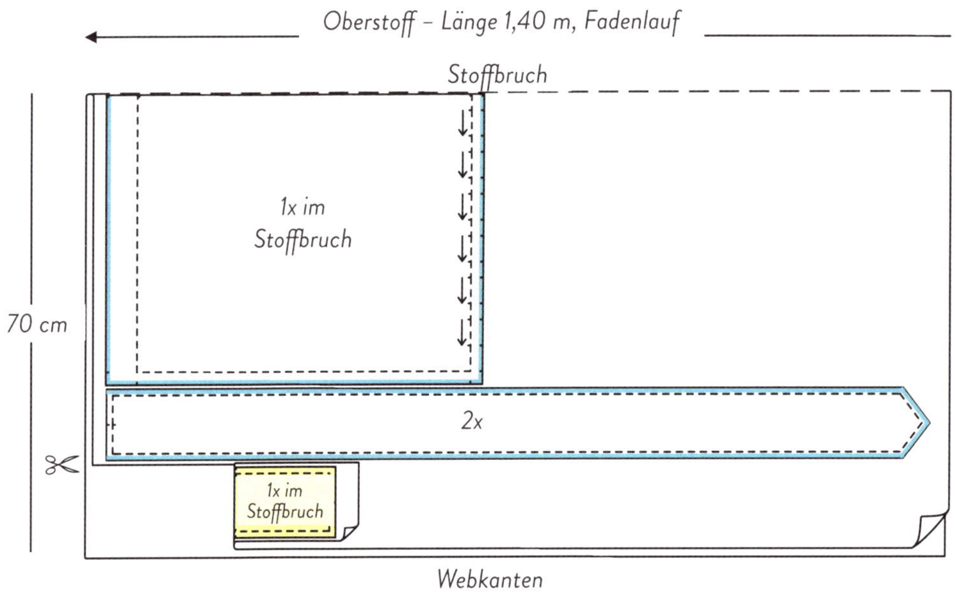

So werden die Schnittvorlagen auf den Stoff aufgelegt und die Schnittteile zum Nähen vorbereitet: Gelb markierte Flächen bzw. Schnittteile werden mit Einlageband verstärkt, türkis markierte Schnittkanten mit der Overlock versäubert. Der Stoff wird im Bruch mit der rechten Seite nach innen zugeschnitten. Die Einlage kann doppellagig mit der Klebeseite nach innen zugeschnitten werden.

1

Die seitlichen Kanten und den Saum der Schürze umbügeln und festnähen wie auf Seite 133 beschrieben.

2

Die Falten am Schürzenteil in die eingezeichneten Pfeilrichtungen legen und mit 1,8 cm Nahtzugabe feststeppen wie detailliert auf Seite 136 beschrieben.

3

Anschließend die breiten Bindebänder anfertigen wie auf Seite 135 beschrieben.

4

Nun den Bund vorbereiten und am Schürzenteil annähen wie auf Seite 138 beschrieben. Dabei die unterschiedlichen Nahtzugaben beachten.

5

Die Bänder längs zur Mitte falten und an die seitlichen Kanten bündig mit der offenen Oberkante des Bundteils stecken, dabei liegen die offenen Längskanten der Bänder oben. Bänder festnähen.

6

Dann den Bund zur Hälfte nach unten klappen und knappkantig von rechts rundherum fest- bzw. absteppen.

Dirndl-Outfit Lola

Dieses Outfit besteht aus der Dirndlbluse Greta, dem Dirndlkleid Lola und einer Schürze.

Lola zeichnet sich durch einen runden Ausschnitt, einen Knopfverschluss und halblange Ärmel aus. Das Oberteil hat vorn und hinten Wiener Nähte wie das erste Dirndlkleid Luisa. Der Rock ist auch hier in Falten gelegt und hat eine versteckte Tasche im vorderen Rockteil. Du kannst das Dirndlkleid Lola auch ohne Bluse tragen.
Die Bluse Greta ist ärmellos und hochgeschlossen, hat einen kleinen Bubikragen sowie einen Tunnelzug am Saum. In der Modellvariante zeige ich dir, wie du Greta zu einer Bluse mit einem kleinen Schlitz im Rückenteil abwandeln kannst (Dirndlbluse Mila, siehe Seite 102–103).

Die Schürze zum Dirndl-Outfit Clara wird gekräuselt und hat schmale Bindebänder.

DIRNDLKLEID LOLA, BLUSE GRETA, GEKRÄUSELTE SCHÜRZE

Dirndlbluse Greta

Dirndlschürze Lola

Dirndl Lola

LERNINHALTE:

- runder Ausschnitt und Knopfverschluss
- halblanger Ärmel
- Bubikragen
- Schnittteil für Oberkragen aus Unterkragen erstellen
- verstürzte Armlöcher mit Belegen
- Tunnel mit Knopfleiste
- gekräuselte Schürze
- schmale Bindebänder
- versteckte Tasche im vorderen Rockteil

Dirndlbluse Greta

ÄRMELLOS, MIT BUBIKRAGEN UND KNOPFVERSCHLUSS

MATERIALIEN (FÜR GRÖSSE 38):

70 cm Baumwollstoff, 100 x 90 cm Bügeleinlage, 80 cm Gummiband (für weitere Größen siehe Maßtabelle auf Seite 10, 1–1,5 cm breit), 8 Knöpfe (Ø 1 cm), farblich passendes Näh- und Overlockgarn

SCHNITTTEILE:

Schnittmusterbogen A und E, Schnittvorlagen kopieren, Vorlagen für Vorderteil- und Armlochbelege erstellen wie auf Seite 109–110 beschrieben, Vorlage für den Oberkragen aus dem Unterkragen konstruieren wie auf Seite 112 beschrieben, Zuschnitt vorbereiten wie auf Seite 11 beschrieben.

Empfohlene Nahtzugaben:

SCHNITTTEIL	ZUSCHNEIDEN	NAHTZUGABEN
Vorderteil, Vorderteilbeleg	je 2x Oberstoff	1 cm, Taille 2,5 cm
Rückenteil	1x Oberstoff im Bruch	1 cm, Taille 2,5 cm
Rückenteilbeleg	1x Oberstoff im Bruch	1 cm
vorderer und hinterer Armlochbeleg	je 2x Oberstoff	1 cm
Unter- und Oberkragen	je 1x Oberstoff offen	1 cm

ZUSCHNEIDE-, EINLAGE- UND OVERLOCKPLAN:

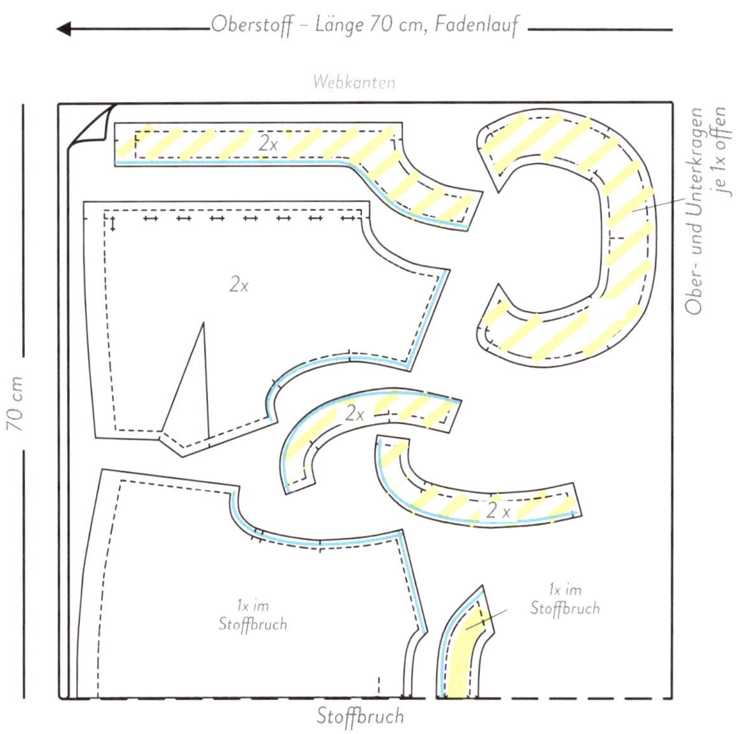

So werden die Schnittvorlagen auf den Stoff aufgelegt und die Schnittteile zum Nähen vorbereitet: Gelb markierte Flächen bzw. Schnittteile werden mit Bügeleinlage verstärkt, türkis markierte Schnittkanten mit der Overlock versäubert, weitere Kanten können im Lauf des Nähprozesses versäubert werden. Der Stoff wird im Bruch mit der rechten Seite nach innen zugeschnitten. Die Einlage kann doppellagig mit der Klebeseite nach innen zugeschnitten werden.

1

Den Vorder- und Rückenteilbeleg an den Schultern rechts auf rechts legen und zusammennähen, die Nahtzugaben ausbügeln.

2

Jeweils vorderen und hinteren Armlochbeleg rechts auf rechts zusammennähen und Nahtzugaben ausbügeln (siehe auch Seite 118).

3

Die Brustabnäher im Vorderteil nähen und bügeln wie auf Seite 117 beschrieben. Anschließend die Schulter- und Seitennähte schließen, versäubern und bügeln wie bei Bluse Ina auf Seite 35–36.

4

Die fertigen Armlochbelege rechts auf rechts an die Armlöcher der Bluse stecken, festnähen, Nahtzugabe auf 0,3 cm zurückschneiden und Belege nach innen wenden.

5

Die verstürzten Kanten der Armlöcher ausformen und bügeln. Danach die Saumzugabe 2,5 cm breit umbügeln.

6

An der oberen Ecke des Vorderteilbelegs die Nählinie (1 cm Nahtzugabe) bis zur vorderen Mitte (oben am Ausschnitt, für den Kragenansatz) einzeichnen.

8

Die Nahtzugabe oben an der beginnenden Halsrundung des Belegs (vordere Mitte) 1 cm vorsichtig einschneiden. Die Belege rechts auf rechts vom Einschnitt (vordere Mitte) bis zum Saum an die Vorderteile stecken.

9

Die Belege vom Einschnitt über die obere Ecke bis zum Saum an die Vorderteile nähen. Die Nahtzugabe auch im Vorderteil oben an der vorderen Mitte 1 cm einschneiden.

10

Die Nahtzugaben auf 0,3 cm zurückschneiden und an der Ecke abschrägen, die Belege nach links wenden und die verstürzten Kanten ausformen und bügeln. Den Tunnel am Saum arbeiten wie auf Seite 120 beschrieben.

11

Den Unterkragen rechts auf rechts auf den Oberkragen stecken und nähen, dabei darf der Unterkragen an der Kante etwas gedehnt werden.

12

Die Nahtzugabe auf 0,3 cm zurückschneiden (an den gerundeten Ecken eventuell etwas mehr abschneiden), den Kragen wenden, ausformen und bügeln.

13

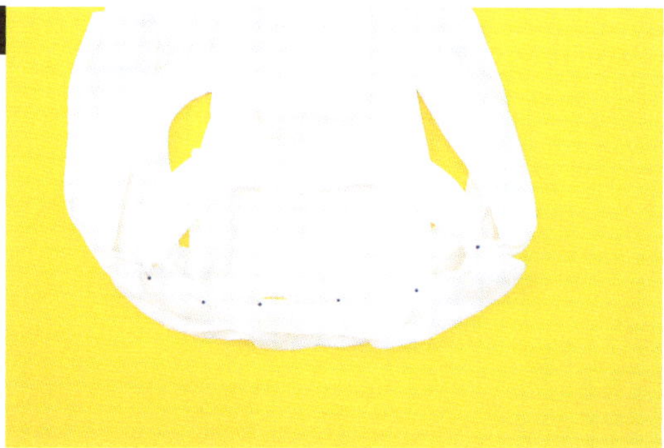

Den Unterkragen rechts auf rechts an das Halsloch der Bluse stecken und annähen, dann Nahtzugabe auseinanderbügeln und auf ca. 0,5 cm zurückschneiden.

14

Den Oberkragen rechts auf rechts an das Halsloch der Innenbelege stecken und festnähen, die Nahtzugabe dann auseinanderbügeln und auf ca. 0,5 cm zurückschneiden.

15

Den Beleg nach innen klappen, sodass die Nahtzugaben der Halslochnähte aufeinanderliegen. Dann die Nahtzugaben, die in die Bluse zeigen (die des Oberteils und des Belegs), von innen zusammenstecken und am gesamten Halsloch aufeinandernähen. Den Kragen bügeln.

17

Die Knopflochpositionen vom Schnitt auf das rechte Vorderteil übertragen und die Knopflöcher in entsprechender Knopflänge nähen. Anschließend die Knöpfe am linken Vorderteil annähen wie auf Seite 122 beschrieben.

Dirndloberteil Lola

MIT RUNDEM AUSSCHNITT, SCHLITZ UND HALBLANGEN ÄRMELN

MATERIALIEN (FÜR GRÖSSE 38):

85 cm Oberstoff, 60 cm Futterstoff, 1 m Bügeleinlage, 7 Knöpfe (Ø 1,5 cm), farblich passendes Näh- und Overlockgarn

SCHNITTTEILE:

Schnittmusterbogen B und E, Schnittvorlagen kopieren, Vorlage für das mittlere Vorderteil aus Futter erstellen wie auf Seite 109 beschrieben, Zuschnitt vorbereiten wie auf Seite 11 beschrieben.

Empfohlene Nahtzugaben:

SCHNITTTEIL	ZUSCHNEIDEN	NAHTZUGABEN
mittleres Vorderteil	2x Oberstoff, 2x Futter (ohne Beleg)	1 cm,Taille 4 cm
seitliches Vorderteil, seitliches Rückenteil	je 2x Oberstoff, 2x Futter	1 cm, Seite 3 cm, Taille 4 cm
Rückenteil	1x Oberstoff im Bruch, 1x Futter im Bruch	1 cm, Taille 4 cm
Ärmel	2x Oberstoff	1 cm, Saum 5 cm

ZUSCHNEIDE-, EINLAGE- UND OVERLOCKPLAN:

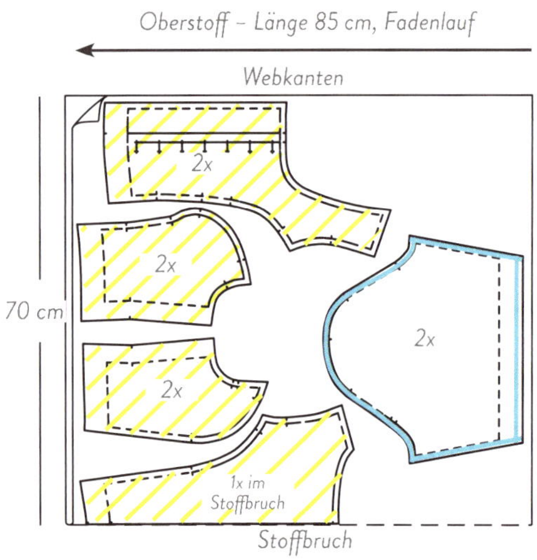

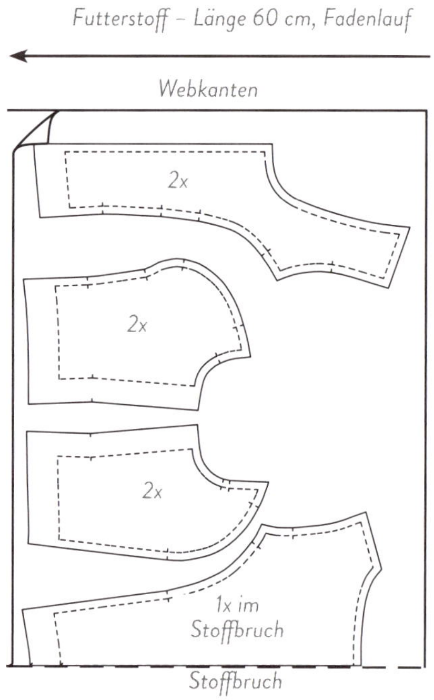

So werden die Schnittvorlagen auf den Stoff aufgelegt und die Schnittteile zum Nähen vorbereitet: Gelb markierte Flächen bzw. Schnittteile werden mit Bügeleinlage verstärkt, türkis markierte Schnittkanten mit der Overlock versäubert, weitere Kanten können im Lauf des Nähprozesses versäubert werden. Der Oberstoff und das Futter werden im Bruch mit der rechten Seite nach innen zugeschnitten. Die Einlage wird im Bruch mit der Klebeseite nach innen zugeschnitten.

1

Den angeschnittenen Beleg an der vorderen Kante der Vorderteile am Knips nach innen umbügeln.

2

Jeweils das mittlere und das zugehörige seitliche Vorderteil rechts auf rechts stecken und zusammennähen. Diese Wiener Nähte auch an den Rückenteilen nähen. Die Nahtzugaben auseinanderbügeln. Dann die Schulternähte schließen und die Nahtzugaben auseinanderbügeln.

3

Anschließend alle Wiener Nähte und Schulternähte im Futter auf die gleiche Weise schließen und die Nahtzugaben auseinanderbügeln.

4

Das Vorderteil aus Futter an den vorderen Kanten rechts auf rechts an den vorderen Beleg stecken und nähen.

5

Die Nahtzugaben von der rechten Stoffseite jeweils zusammen zur Seitennaht bügeln.

6

Anschließend Oberstoff- und Futterteil am Halsloch rechts auf rechts aufeinanderstecken und -nähen, die Nahtzugabe auf 0,3 cm zurückschneiden, das Oberteil nach rechts wenden und die verstürzte Kante bügeln.

7

Die Schnittkanten von Stoff und Futter jeweils an den Seiten, der Taille und den Armlöchern aufeinanderlegen und zusammen versäubern.

8

Dann Vorder- und Rückenteil rechts auf rechts an den Seiten aufeinanderstecken und zusammennähen. Die Nahtzugaben auseinanderbügeln.

9

Den Ärmelsaum 5 cm umbügeln und die umgebügelte Kante 4,5 cm breit feststeppen.

10

Die Armkugel einreihen wie auf Seite 121 beschrieben. Den Ärmel an den Längskanten rechts auf rechts zusammennähen, Nahtzugabe auseinanderbügeln. Den gegengleichen Ärmel genauso zum Einnähen vorbereiten.

11

Die Ärmel rechts auf rechts in die Armlöcher stecken und einnähen. Die Armlochnaht im oberen Bereich bügeln, dabei die Nahtzugaben in den Ärmel legen.

12

Die Knopflochpositionen vom Schnitt auf das rechte Vorderteil übertragen, Knopflöcher in entsprechender Länge einarbeiten. Anhand der Knopflöcher die Positionen der Knöpfe auf das linke Vorderteil übertragen (siehe auch Seite 124). Danach wie folgt den Rock anfertigen.

Dirndlrock Lola

MIT FALTEN UND VERSTECKTER TASCHE

MATERIALIEN (FÜR GRÖSSE 38):

1,40 m Oberstoff, 80 cm Einlageband (4 cm breit), 3 Druckknöpfe (Ø 1 cm), farblich passendes Näh- und Overlockgarn

SCHNITTTEILE:

Schnittmusterbogen D und F, Schnittvorlagen kopieren, Vorlage für das rechte Rockvorderteil und den Taschenbeutel ergänzen wie auf Seite 115 und 113 beschrieben, Zuschnitt vorbereiten wie auf Seite 11 beschrieben.

Empfohlene Nahtzugaben:

SCHNITTTEIL	ZUSCHNEIDEN	NAHTZUGABEN
rechtes vorderes Rockteil, linkes vorderes Rockteil	je 1x Oberstoff	1 cm, Taille 2 cm, Seiten 3 cm, Saum 5 cm
hinteres Rockteil	1x Oberstoff offen	Taille 2 cm, Seiten 3 cm, Saum 5 cm
Taschenbeutel	1x Oberstoff	2 cm

ZUSCHNEIDE-, EINLAGE- UND OVERLOCKPLAN:

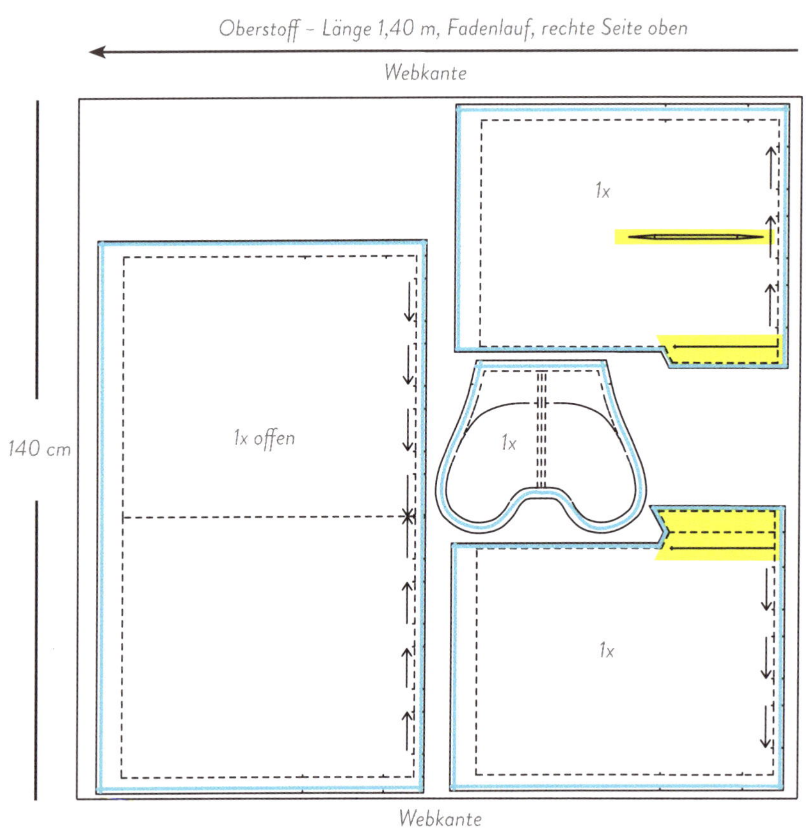

So werden die Schnittvorlagen auf den Stoff aufgelegt und die Schnittteile zum Nähen vorbereitet: Gelb markierte Flächen bzw. Schnittteile werden mit Einlageband verstärkt, türkis markierte Schnittkanten mit der Overlock versäubert. Das Schnittmuster auf den einlagigen Stoff mit der rechten Seite nach oben auflegen.

1

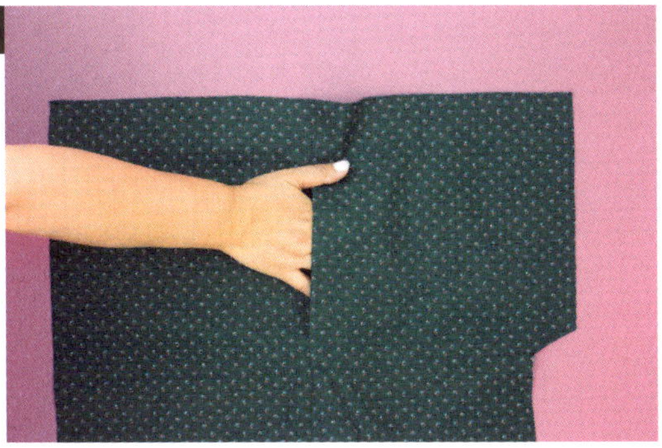

Die versteckte Dirndltasche an der markierten Position einarbeiten wie auf Seite 130 beschrieben.

2

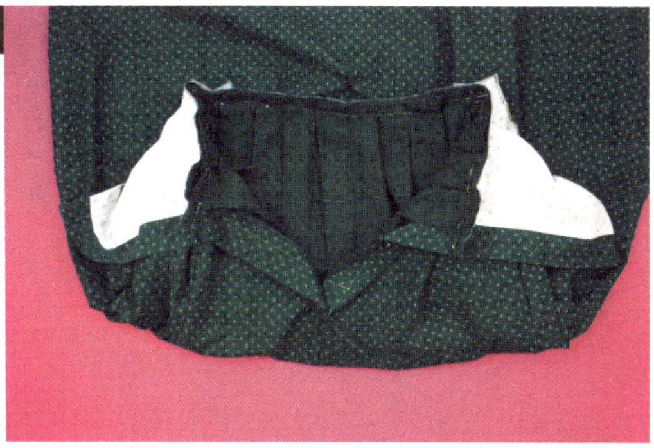

Den Saum, die Schlitzöffnung in der vorderen Mitte und die Falten auf die gleiche Weise verarbeiten wie beim Dirndlrock Clara auf Seite 43.

3

Das Oberteil rechts auf rechts an das Rockteil stecken und nähen, darauf achten, dass die Teile an den Seitennähten und der hinteren Mitte aufeinanderpassen. Dabei auch unterschiedlich breite Nahtzugaben in der Taille beachten. Die Nahtzugaben zusammen nach unten bügeln.

4

Zuletzt noch die drei Druckknöpfe an der vorderen Öffnung des Rockteils annähen.

Dirndlschürze Lola

MIT KRÄUSELN UND SCHMALEN BINDEBÄNDERN

MATERIALIEN (FÜR GRÖSSE 38):

1,40 m Oberstoff, 15 x 45 cm Bügeleinlage, farblich passendes Näh- und Overlockgarn

SCHNITTTEILE:

Schnittmusterbogen C, Schnittvorlagen kopieren, die Vorlage für die Bänder um 44 cm verlängern. Die Schnittvorlage auf die Länge des Rocks abstimmen, die Schürze sollte 3 cm kürzer sein.

Empfohlene Nahtzugaben:

SCHNITTTEIL	ZUSCHNEIDEN	NAHTZUGABEN
Bund	1x Oberstoff im Bruch	1 cm
Band	2x Oberstoff	1 cm
Schürzenteil	1x Oberstoff im Bruch	2 cm, Saum 5 cm

ZUSCHNEIDE-, EINLAGE- UND OVERLOCKPLAN:

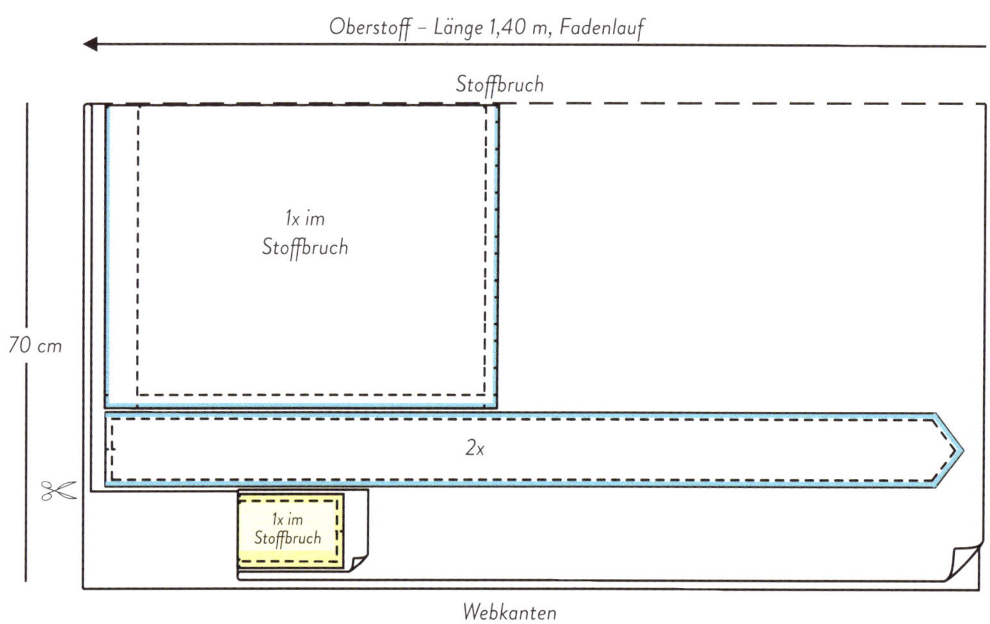

So werden die Schnittvorlagen auf den Stoff aufgelegt und die Schnittteile zum Nähen vorbereitet: Gelb markierte Flächen bzw. Schnittteile werden mit Einlage verstärkt, türkis markierte Schnittkanten mit der Overlock versäubert. Der Stoff wird im Bruch mit der rechten Seite nach innen zugeschnitten. Die Einlage kann im Bruch mit der Klebeseite nach innen zugeschnitten werden.

1 Die seitlichen Kanten 2 cm und den Saum der Schürze 5 cm umbügeln und nochmals einschlagen wie auf Seite 132 beschrieben.

2 Die umgeschlagenen Nahtzugaben mit Saumstichen von Hand annähen wie auf Seite 133 beschrieben.

3 An den unteren Ecken der Schürze (ab dem Übergang der seitlichen Kante zum Saum) die Kante mit Hexenstich festnähen wie detailliert auf Seite 133 beschrieben.

4 An der Oberkante des Schürzenteils mit 1,8 cm Kantenabstand und langen Stichen eine Reihnaht steppen, nur am Beginn verriegeln, am Ende Fäden hängen lassen.

5 Den losen Oberfaden festhalten und den Stoff vorsichtig an der Oberkante zusammenschieben, um ihn auf die Bundlänge einzukräuseln; dann Fadenenden verknoten.

6 Den gekräuselten Bereich an der Oberkante des Schürzenteils gleichmäßig verteilen und leicht anbügeln.

7

Anschließend die doppellagigen Bänder für die Schürze nähen wie auf Seite 134 beschrieben.

8

Den Bund vorbereiten wie auf Seite 138 beschrieben und an die obere Kante der Schürze nähen. Dabei unterschiedlich breite Nahtzugaben beachten.

9

Die fertigen Bänder seitlich an die obere Bundhälfte (spätere Bundinnenseite) nähen.

10

Den Bund zur Hälfte auf die linke Schürzenseite umschlagen, sodass die Nahtzugaben innen liegen und von der umgebügelten Bundkante verdeckt werden. Bund von rechts rundherum knappkantig ab- und feststeppen.

Dirndl-Outfit Lara

Dieses Outfit besteht aus der Dirndlbluse Franka, dem Dirndlkleid Lara und einer Schürze.

Lara zeichnet sich durch einen leicht herzförmig geschwungenen Ausschnitt, schmale Schulternähte und einen Reißverschluss in der vorderen Mitte aus. Das Oberteil hat vorn kurze Teilungsnähte zur Ausformung der Brustpartie und hinten Wiener Nähte wie das erste Outfit Luisa. Der Rock ist gekräuselt und hat eine versteckt eingearbeitete Tasche im Vorderteil.

Die Schluppenbluse Franka aus Spitzenstoff ist hochgeschlossen, hat einen Stehkragen mit angeschnittenen Bändern, lange Ärmel mit Bogenabschluss und einen Tunnelzug am Saum.

Die Schürze zum Dirndl-Outfit Lara wird oben gestiftelt und hat schmale Bindebänder.

DIRNDLKLEID LARA, BLUSE FRANKA, GESTIFTELTE SCHÜRZE

Dirndlbluse Franka

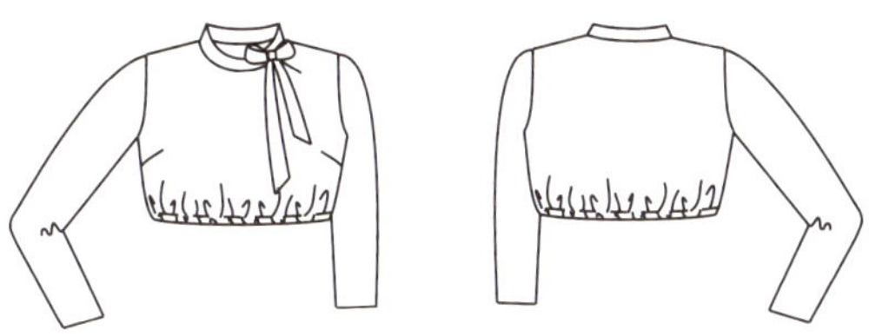

Dirndlschürze Lara

Dirndl Lara

LERNINHALTE:

- Stehkragen mit Schluppenbändern
- Passzeichen auf das Kragenteil übertragen
- Schlitzverarbeitung in linker Schulternaht mit Hakenverschluss
- lange Ärmel mit Spitzenbogenkante
- Reißverschlussverarbeitung mit Beleg
- gekräuselter Rock
- gestiftelte Schürze mit Stiftelband

Dirndlbluse Franka

MIT SCHLUPPENKRAGEN UND LANGEN ÄRMELN

MATERIALIEN (FÜR GRÖSSE 38):

1,30 m Spitzenstoff mit Bogenkante, 80 cm Gummiband (1–1,5 cm breit; Länge für weitere Größen siehe Maßtabelle auf Seite 10), 1 Hakenverschluss (Haken und Öse), farblich passendes Näh- und Overlockgarn

SCHNITTTEILE:

Schnittmusterbogen A und F, Schnittvorlagen kopieren, Knipse an Kragenschnittvorlage einzeichnen, Zuschnitt vorbereiten wie auf Seite 11 beschrieben.

Empfohlene Nahtzugaben:

SCHNITTTEIL	ZUSCHNEIDEN	NAHTZUGABEN
Vorderteil, Rückenteil	je 1x Oberstoff offen	1 cm, Saum 2,5 cm
Ärmel	2x Oberstoff	1 cm
Schluppenkragen	1x Oberstoff offen	1 cm

ZUSCHNEIDE-, EINLAGE- UND OVERLOCKPLAN:

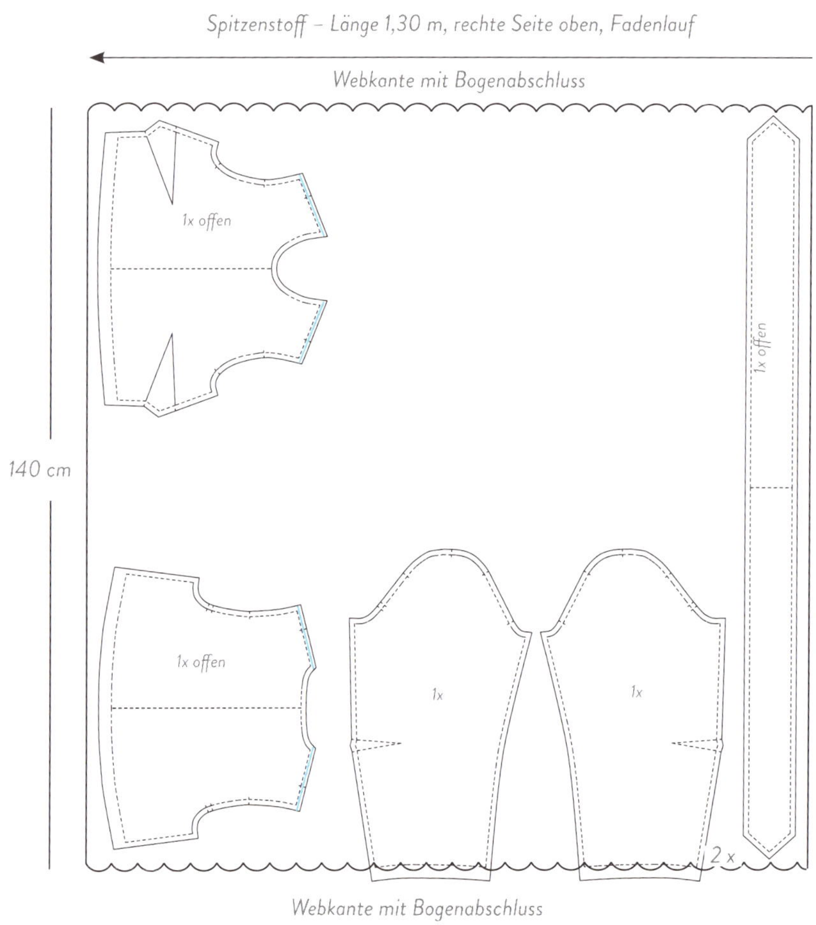

Wichtiger Hinweis zur Verwendung von Spitzenstoffen

So werden die Schnittvorlagen auf den Stoff aufgelegt und die Schnittteile zum Nähen vorbereitet: Bei diesem Modell wird die Spitze einlagig zugeschnitten, mit er rechten Stoffseite nach oben. Wenn der Spitzenstoff – so wie hier – bei beiden Webkanten einen Bogenabschluss hat, die man sehr gut als Ärmelabschluss verwenden kann, kann man die Ärmel um 90° drehen und ausnahmsweise nicht im Fadenlauf und ohne Saumzugabe zuschneiden. Dabei können die Ärmel auch gegengleich zugeschnitten werden, also an jeder Bogenkante ein Ärmel. Dies ist allerdings auch von der Stoffbreite der Spitze abhängig, also unbedingt vorher prüfen. Bei einem üblichen Webstoff oder Spitzenstoff ohne Bogenkante die Ärmel im Fadenlauf und mit Saumzugabe zuschneiden. Türkis markierte Schnittkanten werden mit der Overlock versäubert, weitere können im Laufe des Nähprozesses versäubert werden.

1

Die Abnäher im Vorderteil und in den Ärmeln nähen und bügeln wie auf Seite 117 detailliert beschrieben.

2

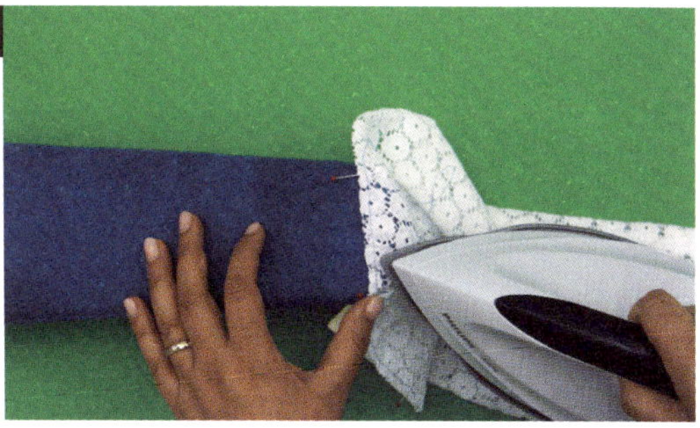

Die Ärmel jeweils an den Längskanten rechts auf rechts zusammenstecken und -nähen, Nahtzugaben zusammen versäubern und nach vorn bügeln. Die Ärmel an der Armkugel vorbereiten wie auf Seite 121 beschrieben.

3

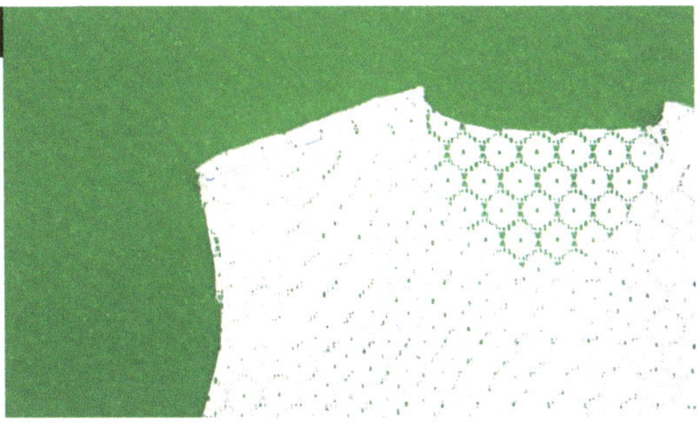

An der linken Schulternaht nur bis zum Passzeichen nähen, dort befindet sich eine Schlitzöffnung am Hals. Die rechte Schulternaht wie gewohnt nähen.

4

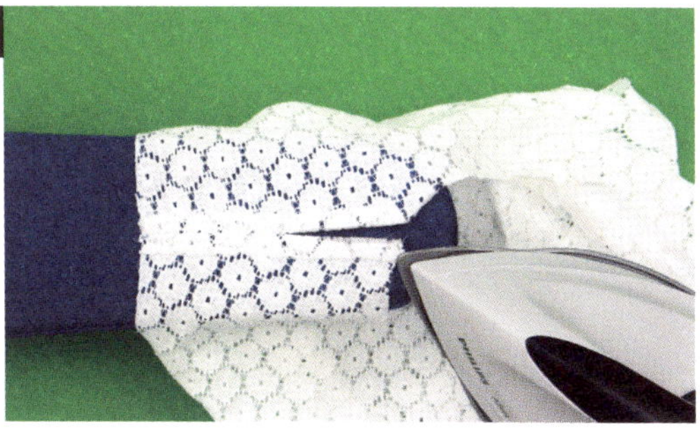

Die Nahtzugaben der Schulternähte auseinanderbügeln, an der linken Öffnung die Nahtzugaben 1 cm umbügeln.

5

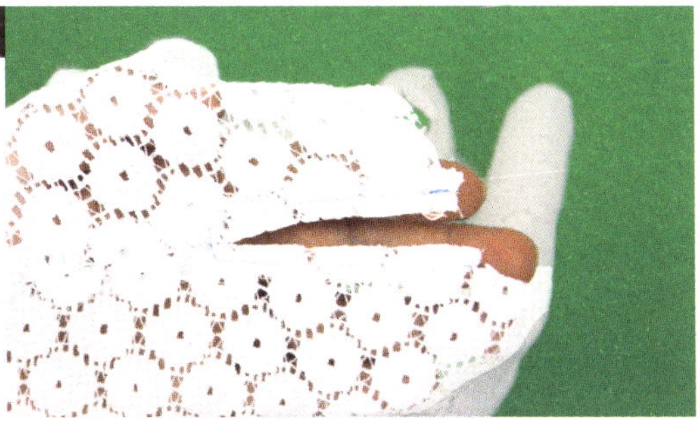

Die Schlitzöffnung rundherum 0,5 cm breit absteppen und dabei die Nahtzugabe feststeppen.

6

Die Seitennähte schließen und zusammen versäubern. Den Tunnel am Saum nähen und das Gummiband einziehen (detaillierte Anleitung auf Seite 119).

7

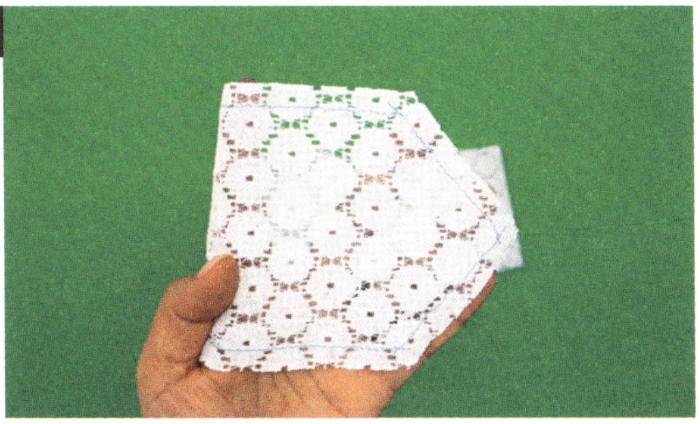

Den Kragenstreifen und die angeschnittenen Schluppenbänder rundherum 0,8 cm breit absteppen.

8

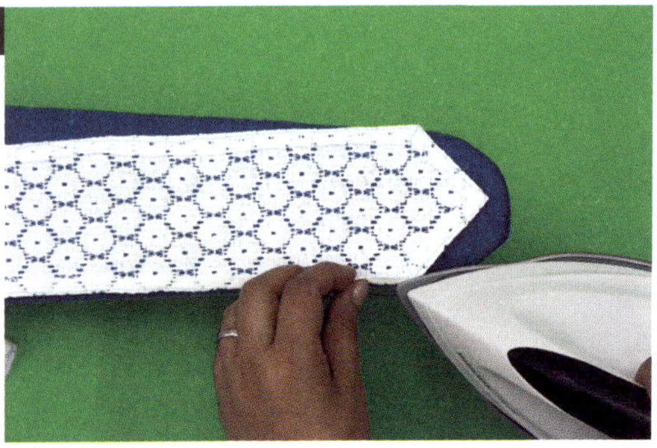

Die Nahtzugaben an den Passzeichen 1 cm einschneiden und im Kragenbereich (zwischen den Passzeichen) 1 cm umbügeln. Die restlichen Nahtzugaben (für das Schluppenband) zweimal je 0,5 cm einschlagen und feststeppen.

9

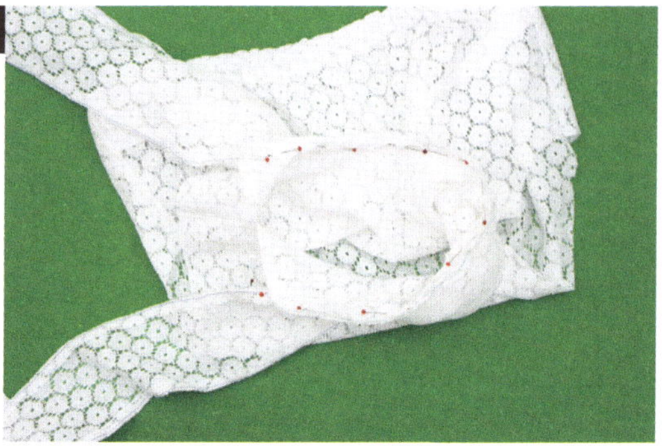

Die Knipse am Kragenstreifen befinden sich an beiden Längsseiten auf gleicher Höhe. Dann eine Längsseite des Streifens (mit der rechten Stoffseite) innen auf das Halsloch (linke Stoffseite) stecken und von der offenen Schulter an rundherum festnähen.

10

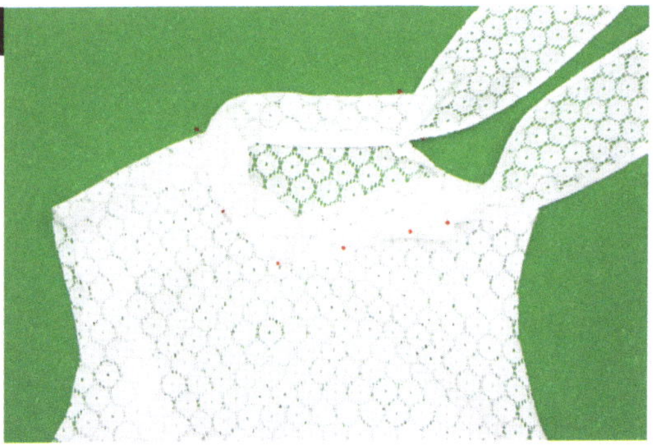

Den Kragenstreifen nach außen wenden und an der Halslochnaht feststecken, dabei die Nahtzugaben einschlagen.

11

Anschließend den Kragen außen von Schlitzöffnung bis Schlitzöffnung am Halsloch rundherum absteppen, dabei auch am Beginn der Bindebänder jeweils über die gesamte Breite zunähen. Den Kragen bügeln.

12

Die Ärmel vorbereiten und einsetzen wie auf Seite 121 beschrieben. Die Nahtzugaben zusammen versäubern und die Ärmelnaht bügeln.

13

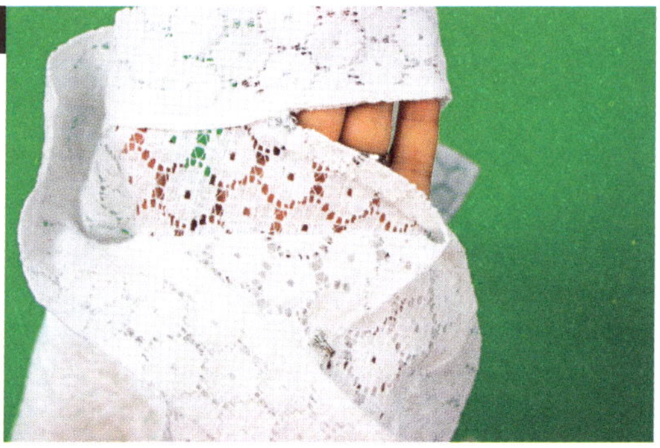

Den Hakenverschluss von Hand annähen. Er sollte am Übergang zwischen Schlitzöffnung und Kragen sitzen, damit die Bänder zur Schleife gebunden werden können.

Dirndloberteil Lara

MIT HERZFÖRMIGEM AUSSCHNITT UND REISSVERSCHLUSS

MATERIALIEN (FÜR GRÖSSE 38):

50 cm Oberstoff, 50 cm Futterstoff, 1 m Bügeleinlage, 1 Reißverschluss (Länge 50 cm), 1 Hakenverschluss (Haken und Öse), farblich passendes Näh- und Overlockgarn

SCHNITTTEILE:

Schnittmusterbogen B und C, Schnittvorlagen von Dirndl Luisa kopieren, daraus die Vorlage für mittleres und seitliches Vorderteil sowie mittleres Rückenteil erstellen (siehe Seite 114), Zuschnitt vorbereiten (siehe Seite 11).

Empfohlene Nahtzugaben:

SCHNITTTEIL	ZUSCHNEIDEN	NAHTZUGABEN
mittleres Vorderteil	2x Oberstoff, 2x Futter, 2x Einlage	1 cm, vordere Kante 1,5 cm, Taille 4 cm
seitliches Vorderteil, seitliches Rückenteil	je 2x Oberstoff, 2x Futter, 2x Einlage	1 cm, Seite 3 cm, Taille 4 cm
mittleres Rückenteil	1x Oberstoff im Bruch, 1x Futter im Bruch, 1x Einlage offen	1 cm, Taille 4 cm
Reißverschlussbeleg	1x Oberstoff, 1x Einlage	1 cm, Längskanten 1,5 cm

ZUSCHNEIDE-, EINLAGE- UND OVERLOCKPLAN:

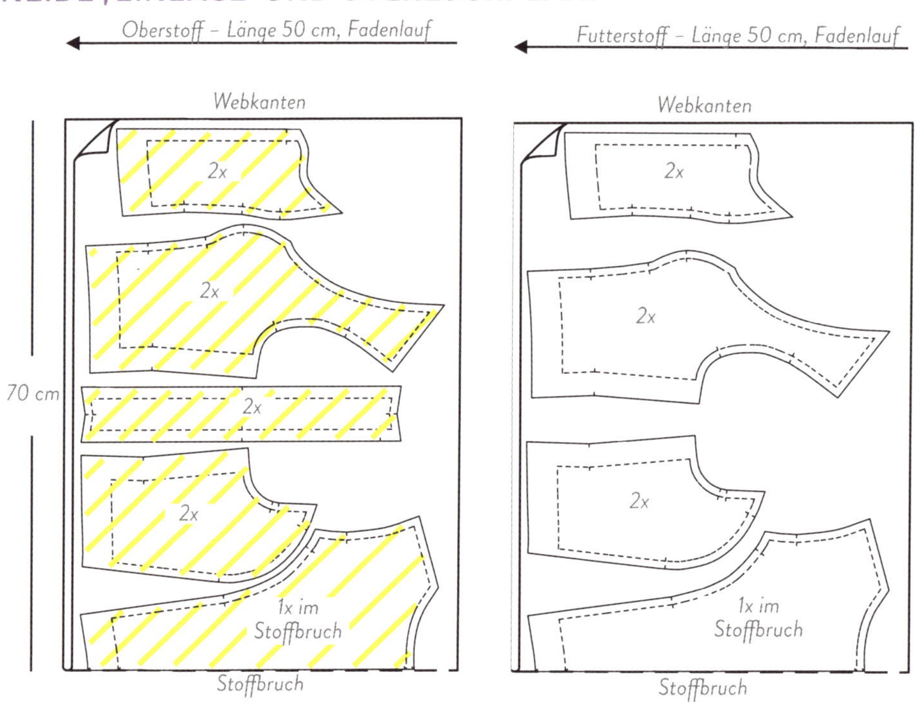

Gelb markierte Flächen bzw. Schnittteile werden mit Bügeleinlage verstärkt. Alle Teile werden im doppelt gelegten Stoff zugeschnitten, mit der rechten Seite innen. Die Einlage ebenfalls doppellagig mit der Klebeseite nach innen zuschneiden.

1

Den Reißverschlussbeleg der Länge nach rechts auf rechts falten und am oberen und unteren Ende stecken.

2

Den Reißverschlussbeleg oben und unten 1 cm breit zusammennähen, dann die Nahtzugabe auf 0,5 cm zurückschneiden.

3

Anschließend den Beleg nach außen wenden, bügeln und die Schnittkanten zusammen versäubern.

4

Die Nahtzugabe der vorderen Kante an den Vorderteilen aus Oberstoff und aus Futterstoff 1,5 cm umbügeln.

5

Für das Oberteil aus Oberstoff und für das aus Futterstoff jeweils die Teilungsnähte im Vorderteil, die Wiener Nähte im Rückenteil und die Schulternähte schließen, Nahtzugaben auseinanderbügeln.

6

Das Oberteil aus Futterstoff am Ausschnitt rechts auf rechts auf das aus Oberstoff stecken, beide Teile zusammennähen. Nahtzugaben zurückschneiden, Dirndloberteil auf die rechte Seite wenden. Ausschnittkante bügeln.

7

Dann das Armloch 0,8 cm breit im Oberstoff- und Futterteil absteppen. Die Nahtzugaben dort bis kurz vor die Naht vorsichtig in regelmäßigen Abständen einschneiden.

8

Die eingeschnittenen Nahtzugaben umbügeln und auf einen schöne gleichmäßige Rundung der Kante achten.

9

Anschließend die umgebügelten Kanten der Armlöcher aus Oberstoff auf diese aus Futter stecken, sodass die Nahtzugaben der Oberteile innen liegen.

10

Das Futter am Armloch dann von Hand annähen wie auf Seite 133 erläutert. Dabei für den Saumstich hier direkt in den umgebügelten Kanten einstechen.

11

Den Reißverschluss rechts auf die offene Kante des Belegs (rechte Seite) stecken und füßchenbreit annähen. Das Bändchen darf oben ca. 0,5 cm überstehen.

12

Bei Bedarf den Reißverschluss auf die Länge des Belegs kürzen. Hierzu quer über die Zähnchen des Reißverschlusses nähen und dann das Ende abschneiden.

Als nächsten Schritt, wie folgt beschrieben, den Rock anfertigen, dann Ober- und Unterteil zusammennähen. Erst dann den Reißverschluss einarbeiten und die Seitennähte schließen.

Dirndlrock Lara

MIT KRÄUSELN, VERSTECKTER TASCHE UND REISSVERSCHLUSS

MATERIALIEN (FÜR GRÖSSE 38):

1,40 m Oberstoff, 1 m Einlageband (4cm breit), 3 Druckknöpfe (Ø 1 cm), farblich passendes Näh- und Overlockgarn

SCHNITTTEILE:

Schnittmusterbogen D und F, Schnittvorlagen kopieren, Vorlage für den doppelten Taschenbeutel erstellen wie auf Seite 113 beschrieben, die Schnittvorlagen auf die gewünschte Rocklänge anpassen, Zuschnitt vorbereiten wie auf Seite 11 beschrieben.

Empfohlene Nahtzugaben:

SCHNITTTEIL	ZUSCHNEIDEN	NAHTZUGABEN
linkes und rechtes vorderes Rockteil	je 1x Oberstoff	vordere Mitte 1,5 cm, Taille 2 cm, Seite 3 cm, Saum 5 cm
hinteres Rockteil	1x Oberstoff offen	Taille 2 cm, Seite 3 cm, Saum 5 cm
Taschenbeutel	1x Oberstoff	2 cm

ZUSCHNEIDE-, EINLAGE- UND OVERLOCKPLAN:

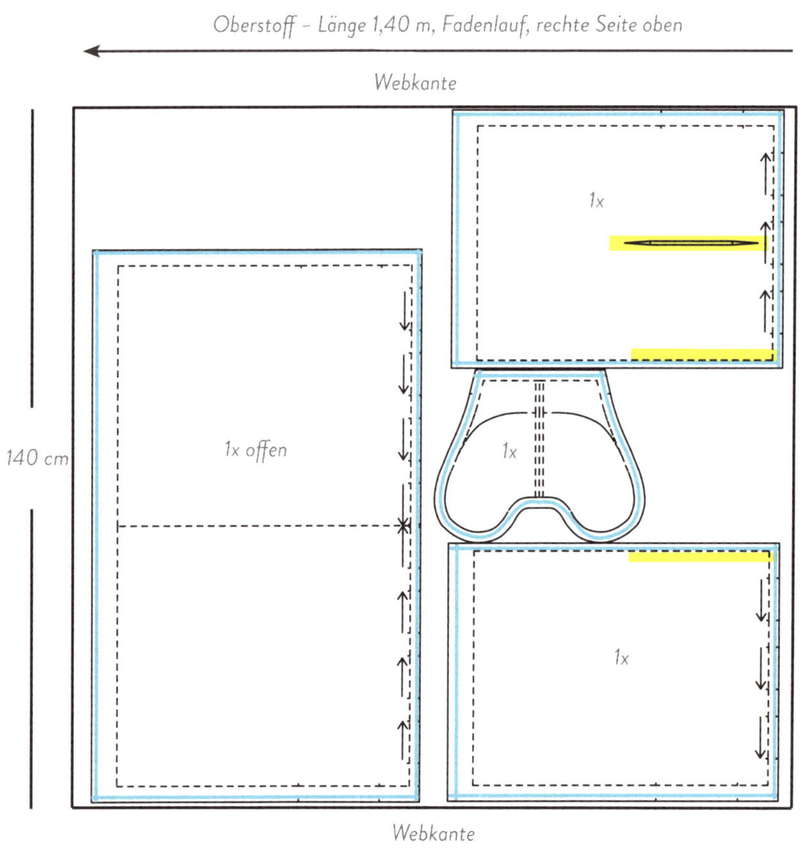

So werden die Schnittvorlagen auf den Stoff aufgelegt und die Schnittteile zum Nähen vorbereitet: Gelb markierte Flächen bzw. Schnittteile werden mit Bügeleinlage verstärkt, türkis markierte Schnittkanten mit der Overlock versäubert, weitere Kanten können im Lauf des Nähprozesses versäubert werden. Der Stoff wird einlagig, also offen gelegt, mit der rechten Seite nach oben zugeschnitten.

1

Die Naht in der vorderen Mitte mit 1,5 cm Nahtzugabe bis zum Passzeichen schließen, die Nahtzugaben auseinanderbügeln. Die versteckte Tasche in das rechte Vorderteil einarbeiten wie auf Seite 130 beschrieben.

2

Die Rockvorderteile oben mit 1,8 cm Nahtzugabe und großer Stichlänge einreihen, Passzeichen beachten. Oberteilhälften in der Taille ausmessen und Rockteile entsprechend einkräuseln.

3

Das hintere eingekräuselte Rockteil rechts auf rechts an die untere Kante des oberen Rückenteils (Oberstoff- und Futterlage) stecken, auf eventuell unterschiedlich breite Nahtzugaben achten und annähen.

4

Die vorderen eingekräuselten Rockteile rechts auf rechts an die untere Kante der oberen Vorderteile (nur Oberstofflage) stecken, auf eventuell unterschiedlich breite Nahtzugaben achten und annähen. Alle Nahtzugaben zusammen nach unten bügeln.

5

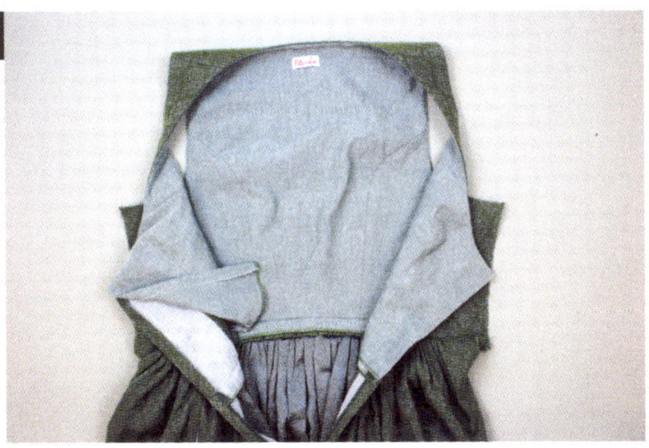

So sollte das Dirndlkleid nach dem Annähen der Rockteile aussehen. Die Seiten sind noch offen.

6

Anschließend die rechte Reißverschlusshälfte mit Beleg an die rechte vordere Kante (nur Stofflage) des Dirndls stecken, darauf achten, dass der Beleg an der oberen Kante mit dem Ausschnitt auf gleicher Höhe endet.

7

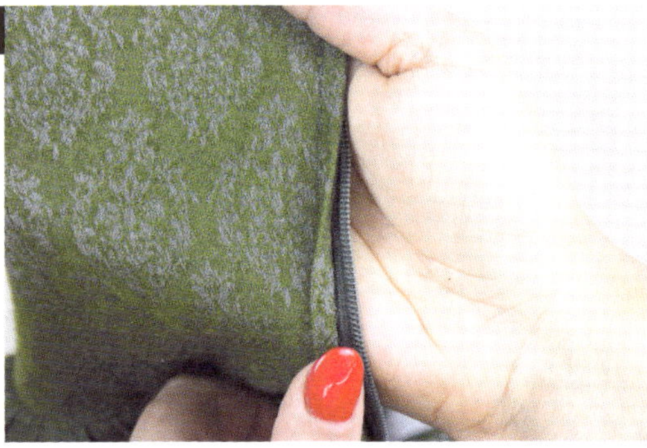

Den Reißverschluss öffnen und seine linke Hälfte an die linke vordere Kante des Dirndls stecken (nur an den Oberstoff). Der Reißverschluss soll auf beiden Seiten komplett verdeckt sein, die Zähnchen also unter dem Stoff verschwinden.

8

Dann den Reißverschluss auf beiden Seiten von rechts feststeppen. Die vorderen Kanten bügeln.

9

Die Seitennähte am Rückenteil zusammen und die vorderen einzeln versäubern, dann die Teile rechts auf rechts stecken (darauf achten, dass sie an der Taille exakt aufeinanderpassen) und bis zum Saum zusammennähen. Nahtzugaben auseinanderbügeln.

10

Nun das Futter an der vorderen umgebügelten Kante innen rechts an den Reißverschluss stecken und auf der linken Seite an den Reißverschlussbeleg. Das Futter soll die Reißverschlussnaht verdecken.

11

Das Futter an der vorderen Kante von Hand festnähen. Oben am Reißverschluss noch einen kleinen Hakenverschluss annähen, damit die vordere Kante am Ausschnitt später nicht absteht.

12

Anschließend den Rocksaum rundherum hochbügeln (Kante nach Wunsch knapp einschlagen) und 4,5 cm breit feststeppen, erneut bügeln.

13

Das fertige Dirndlkleid mit gereihtem Rockteil und versteckter Tasche: So sieht dann der eingenähte Reißverschluss mit Beleg in der vorderen Mitte und Hakenverschluss oben am Ausschnit aus.

Dirndlschürze Lara

MIT STIFTELN (STIFTELBAND) UND SCHMALEN BINDEBÄNDERN

MATERIALIEN (FÜR GRÖSSE 38):

2 m Oberstoff, 1,50 m fertiges Stiftelband (ca. 5 cm breit), 15 x 45 cm Bügeleinlage, farblich passendes Näh- und Overlockgarn

SCHNITTTEILE:

Schnittmusterbogen C, Schnittvorlagen kopieren, die Vorlage für die Bänder um 44 cm verlängern. Die Schnittvorlage auf die Länge des Rocks abstimmen, die Schürze sollte 3 cm kürzer sein.

Empfohlene Nahtzugaben:

SCHNITTTEIL	ZUSCHNEIDEN	NAHTZUGABEN
Schürzenteil	1x Oberstoff im Bruch	2 cm, Saum 5 cm
Band	2x Oberstoff	1 cm
Bund	1x Oberstoff offen, 1x Einlage offen	1 cm

ZUSCHNEIDE-, EINLAGE- UND OVERLOCKPLAN:

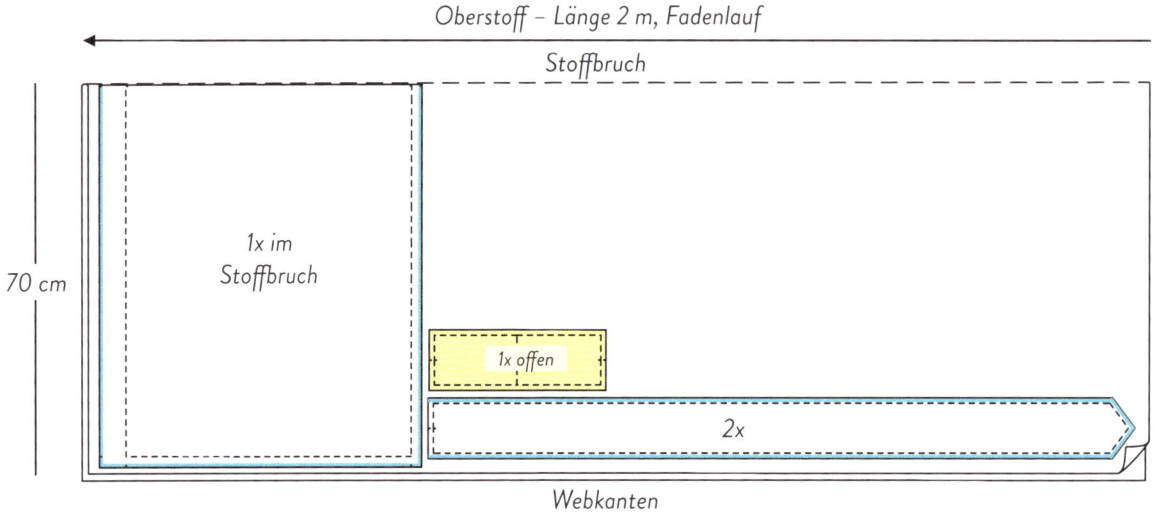

So werden die Schnittvorlagen auf den Stoff aufgelegt und die Schnittteile zum Nähen vorbereitet: Gelb markierte Flächen bzw. Schnittteile werden mit Einlage verstärkt, türkis markierte Schnittkanten mit der Overlock versäubert. Der Stoff wird, bis auf den Bund, im Bruch mit der rechten Seite nach innen zugeschnitten. Die Einlage kann einlagig, mit der Klebeseite nach unten zugeschnitten werden.

1

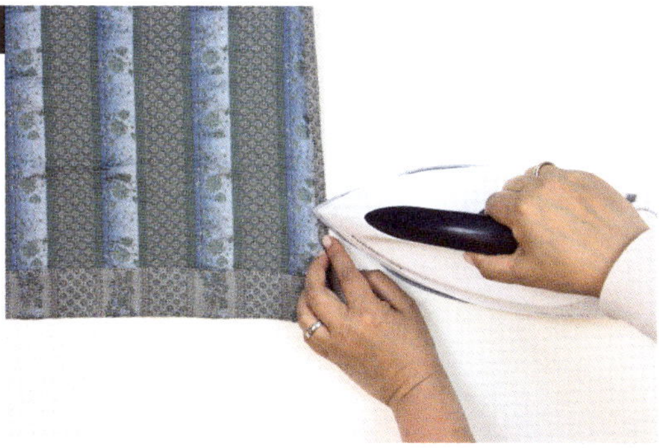

Den Saum der Schürze umbügeln wie auf Seite 132 beschrieben. Den Saum von rechts 4,5 cm breit feststeppen und die seitlichen Kanten 2 x 1,5 cm umbügeln.

2

Das fertige Stiftelband mit ca. 1 cm Abstand von der oberen Kante feststecken und füßchenbreit an den seitlichen Kanten und oben annähen.

3

Anschließend das Band von links jeweils zwischen den Reihen feststecken und -steppen, die Nähte verriegeln.

4

So sieht dann die rechte Seite des Bereichs der Schürze aus, in dem das Band aufgesteppt wurde.

5

Die Fäden des Stiftelbandes auf beiden Seiten an der umgebügelten Kante herausziehen, alle Fäden einer Seite gleichzeitig festhalten, daran ziehen und den oberen Bereich gleichmäßig einkräuseln.

6

Mithilfe der Stiftelfäden auf beiden Seiten den oberen Bereich auf die Länge der Bundweite einreihen, bügeln. Darauf achten, dass die Raffung gleichmäßig wird und dicht nebeneinandergereihte „Stifte" entstehen.

7

Dies kann man unterstützen, indem man beim Bügeln die einzelnen Fältchen etwas geradezieht.

8

Danach die Zugaben der seitlichen Kanten über das Stiftelband einschlagen und die Kanten von oben bis unten ca. 1,2 cm breit feststeppen.

9

Die schmalen Bindebänder zum Annähen vorbereiten wie auf Seite 134 detailliert beschrieben. Die Bindebänder seitlich an die innere Hälfte des Bundes annähen und diesen fertigstellen wie auf Seite 138 beschrieben.

Dirndl-Outfit Josefa

Das Outfit besteht aus der Dirndlbluse Magda, dem Dirndlkleid Josefa und einer Schürze mit austauschbaren Bändern.

Josefa zeichnet sich durch einen leicht herzförmigen Ausschnitt, der in einen Schneewittchenkragen übergeht, breite Schulternähte und einen Hakenverschluss in der vorderen Mitte aus. Das Oberteil hat vorn kurze Längsnähte zur Ausformung der Brustpartie und hinten Wiener Nähte. Der Rock ist in Falten gelegt und hat in den Seitennähten Eingrifftaschen.
Die Bluse Magda ist vorn geknöpft, hat einen runden Ausschnitt, halblange, leicht gekräuselte Ärmel mit Rüschenabschluss sowie einen Gummizug am Saum. Als Variante kannst du die Bluse auch mit kurzen gekräuselten Ärmeln nähen.
Die Schürze Josefa wird von Hand gestiftelt und hat breite abnehmbare Bänder. Alternativ kannst du sie auch mit verstürzten Bändern und einer Schürzenschließe tragen.

DIRNDLKLEID JOSEFA, BLUSE LOLA, VON HAND GESTIFTELTE SCHÜRZE

Dirndlbluse Magda

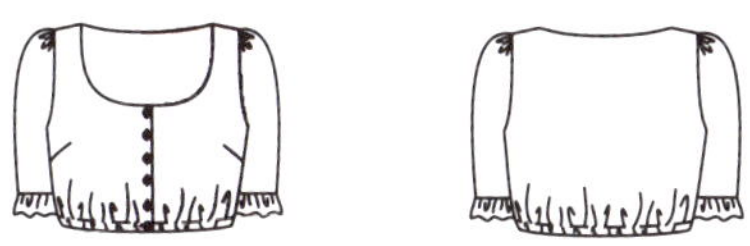

Dirndlschürze Josefa

Dirndl Josefa

LERNINHALTE:

- Ärmel mit Rüsche
- Schnitt für Ärmelsaumbelege und Rüsche erstellen
- Schneewittchenkragen
- Hakenverschluss in der vorderen Mitte
- Beleg für Hakenverschluss verlängern
- von Hand gestiftelte Schürze mit Reihkaro
- Bundverarbeitung für austauschbare Bänder
- breite Bänder mit doppelt eingeschlagenen Kanten
- verstürzte Bänder mit Schürzenschließe

Dirndlbluse Magda

MIT HERZAUSSCHNITT UND KNOPFVERSCHLUSS

MATERIALIEN (FÜR GRÖSSE 38):

95 cm Oberstoff, 50 x 40 cm Bügeleinlage, 80 cm Gummiband (1–1,5 cm breit, Längen für andere Größen siehe Maßtabelle auf Seite 10), 6 Knöpfe (Ø 1 cm), farblich passendes Näh- und Overlockgarn

SCHNITTTEILE:

Schnittmusterbogen A, C und E, Schnittvorlagen kopieren, Vorlagen für Ärmelsaumbeleg und Rüsche erstellen wie auf Seite 111 und Auschnittbelege erstellen wie auf Seite 109 beschrieben, Zuschnitt vorbereiten wie auf Seite 11 beschrieben.

Empfohlene Nahtzugaben:

SCHNITTTEIL	ZUSCHNEIDEN	NAHTZUGABEN
Vorderteil	2x Oberstoff	1 cm, Saum 2,5 cm, vordere Kante 4 cm
Rückenteil	1x Oberstoff im Bruch	1 cm, Saum 2,5 cm
Ärmel, Ärmelsaumbeleg, Rüsche	je 2x Oberstoff	1 cm
Vorderteilbeleg	2x Oberstoff	1 cm
Rückenteilbeleg	1x Oberstoff im Bruch	1 cm

ZUSCHNEIDE-, EINLAGE- UND OVERLOCKPLAN:

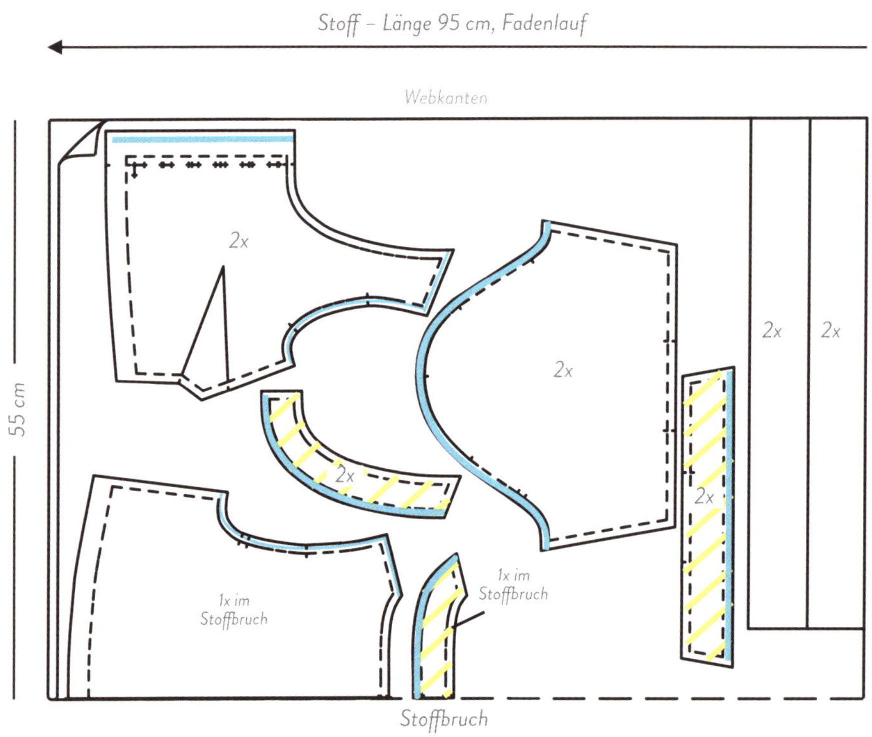

So werden die Schnittvorlagen auf den Stoff aufgelegt und die Schnittteile zum Nähen vorbereitet: Hier wird der Stoff im Bruch zugeschnitten, dabei liegt die rechte Stoffseite innen. Die Einlage kann doppellagig mit der Klebeseite nach innen zugeschnitten werden. Gelb markierte Flächen bzw. Schnittteile werden mit Bügeleinlage verstärkt, türkis markierte Schnittkanten mit der Overlock versäubert, weitere Kanten können im Lauf des Nähprozesses versäubert werden.

1

Brustabnäher nähen (siehe S. 117). Saumzugaben an den Vorderteilen und am Rückenteil 2,5 cm umbügeln. Schulter- und Seitennähte rechts auf rechts zusammennähen, Zugaben auseinanderbügeln, Saumkante versäubern.

2

Die Vorderteilbelege an den Schultern rechts auf rechts an den Rückenteilbeleg stecken und nähen. Nahtzugaben auseinanderbügeln.

3

Den Beleg für den Ausschnitt vorn in der Mitte rechts auf rechts an den umgebügelten Beleg des Vorderteils stecken und den Beleg an diesen Schmalkanten annähen.

4

Die Nahtzugabe des Vorderteilbelegs bis zur Naht einschneiden, im oberen Bereich auseinanderlegen und -bügeln, im unteren zusammen zur Seite bügeln.

5

Den Ausschnittbeleg rechts auf rechts auf die Ausschnittkante des Oberteils stecken und rundherum 1 cm breit festnähen.

6

Die Nahtzugaben am Ausschnitt auf 0,3 cm zurückschneiden, den Beleg wenden und die verstürzte Kante ausformen und bügeln.

7

Dann den umgebügelten Beleg an der vorderen Kante 3 cm nach außen klappen und im Saumbruch feststecken.

8

Den nach außen geklappten Beleg in der umgebügelten Saumkante festnähen.

9

Die Saumzugabe an der verstürzten Ecke nach oben klappen, gleichzeitig mit dem Daumen und unter dem Beleg mit dem Zeigefinger festhalten und die Ecke wenden.

10

Anschließend den gesamten vorderen Bereich der Bluse mit dem Beleg von links bügeln.

11

Im nächsten Schritt den Tunnel für den Saum nähen und das Gummiband einziehen wie auf Seite 121 beschrieben.

12

Hier sind die Schnittteile für den Ärmel mit Rüschenstreifen und Beleg von oben nach unten mit den dazugehörigen Markierungen abgebildet.

13

Je zwei Streifen rechts auf rechts legen und an einer Längskante 1 cm breit zusammennähen. Darauf achten, dass die Markierungen an der offenen Kante liegen.

14

Die Nahtzugabe nach unten bügeln und auf 0,3 cm zurückschneiden, dann von rechts feststeppen.

15

Die Streifen jeweils rechts auf rechts zum Ring stecken und zunähen (1 cm breit), Zugaben auseinanderbügeln. Ring mittig falten und Kante zum Rüschen vorbereiten.

16

Ein Fadenende festhalten und den Ring auf die Länge der Ärmelweite zusammenschieben, Faden verknoten. Die Rüschen gleichmäßig verteilen und bügeln.

17

Die Längsnähte im Ärmel und in den Saumbelegen schließen. Die Nahtzugaben im Ärmel versäubern und nach vorn bügeln, in den Saumbelegen auseinanderbügeln.

18

So werden Ärmel, Rüsche und Ärmelsaumbeleg angeordnet, um sie aneinandernähen zu können. Die Armkugel zum Einreihen vorbereiten wie auf Seite 121 beschrieben.

19

Die Rüsche rechts auf rechts an die untere Ärmelkante nähen, die Passzeichen und auch die Nähte müssen aufeinandertreffen. Die Rüsche nach unten und die Nahtzugaben nach oben legen, die Naht von rechts bügeln.

20

Nun den Ärmelsaumbeleg rundherum rechts auf rechts auf die untere Kante des Ärmels bzw. der Rüsche stecken, darauf achten, dass die Passzeichen an der unteren Kante und auch die Nähte aufeinandertreffen.

21

Den Ärmelsaumbeleg rundherum 1 cm breit festnähen, dann den Beleg nach unten aufklappen.

22

Den Ärmelsaumbeleg nach innen klappen, die Nahtzugaben auf 0,5 cm zurückschneiden und von rechts bügeln.

23

Die Nahtzugabe an der Ärmelsaumnaht ebenfalls von rechts knapp flachsteppen (nur an Beleg und Zugabe).

24

Die Armkugel im oberen Bereich einkräuseln wie auf Seite 121 beschrieben. Die Ärmel einnähen. Die Knopflöcher einarbeiten und die Knöpfe annähen (siehe Seite 122).

Dirndloberteil Josefa

MIT SCHNEEWITTCHENKRAGEN UND HAKENVERSCHLUSS

MATERIALIEN (FÜR GRÖSSE 38):

60 cm Oberstoff, 60 cm Futterstoff, 1 m Bügeleinlage, 9–10 mittelgroße Hakenverschlüsse (Haken und Ösen) oder 50 cm fertiges Hakenband, farblich passendes Näh- und Overlockgarn

SCHNITTTEILE:

Schnittmusterbogen A und B, Schnittvorlagen kopieren, Vorlage für den Beleg (Hakenverschluss) erstellen wie auf Seite 110 beschrieben, Zuschnitt vorbereiten wie auf Seite 11 beschrieben.

Empfohlene Nahtzugaben:

SCHNITTTEIL	ZUSCHNEIDEN	NAHTZUGABEN
mittleres Vorderteil	2x Oberstoff, 2x Futter, 2x Einlage	1 cm, vordere Kante 1,5 cm, Taille 4 cm
seitliches Vorderteil, seitliches Rückenteil	je 2x Oberstoff, 2x Futter, 2x Einlage	1 cm, Taille 4 cm, Seite 3 cm
mittleres Rückenteil	1x Oberstoff, 1x Futter, 1x Einlage	1 cm, Taille 4 cm
Reißverschlussbeleg	1x Oberstoff, 1x Einlage	1 cm, Längskante 1,5 cm

ZUSCHNEIDE-, EINLAGE- UND OVERLOCKPLAN:

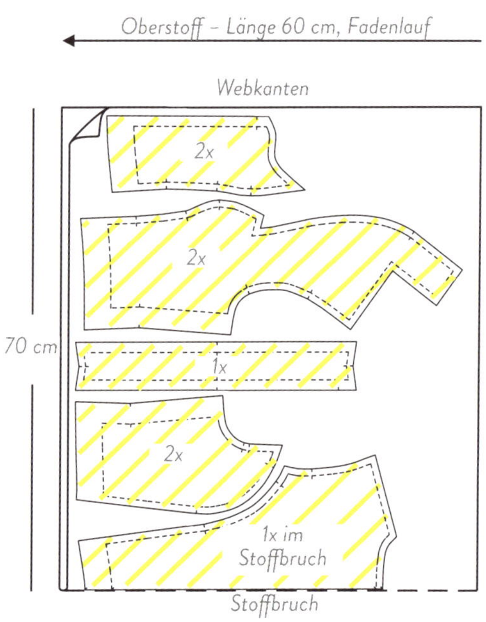

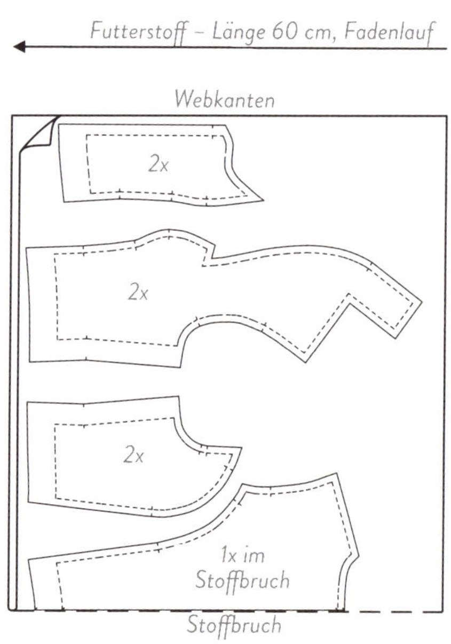

So werden die Schnittvorlagen auf den Stoff aufgelegt und die Schnittteile zum Nähen vorbereitet: Gelb markierte Flächen bzw. Schnittteile werden mit Bügeleinlage verstärkt. Der Stoff und auch das Futter werden im Bruch mit der rechten Seite nach innen zugeschnitten, die Einlage ebenfalls, jedoch mit der Klebeseite nach innen.

1

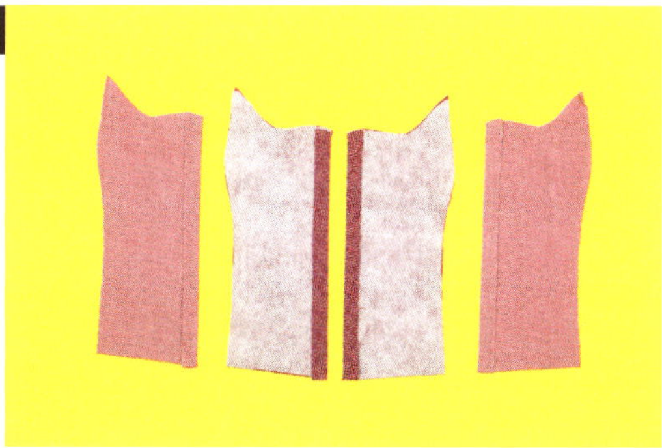

An den vorderen Kanten der mittleren Vorderteile aus Oberstoff und Futter die Nahtzugaben von 1,5 cm nach links umbügeln.

2

Das mittlere Vorderteil rechts auf rechts auf die Teilungsnahtlinie des seitlichen Vorderteils stecken und die Teile 1 cm breit zusammennähen. Die hinteren (Wiener) Nähte schließen wie auf Seite 55 beschrieben. Die Futterteile auf die gleiche Weise zusammennähen.

3

Den Schneewittchenkragen an der hinteren Mitte rechts auf rechts aufeinanderstecken und -nähen (1 cm breit), Nahtzugaben auseinanderbügeln. Am Kreuzungspunkt Schulter/Halsloch die Nahtzugaben (1 cm) einzeichnen und schräg bis zur Ecke einschneiden.

4

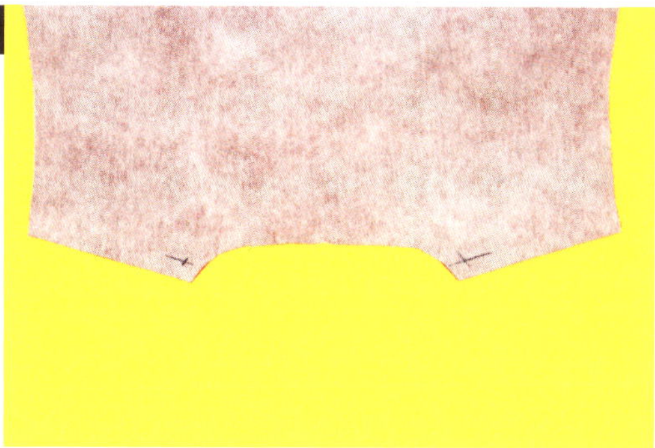

Im Rückenteil ebenfalls am Übergang der Schulternahtlinie zum Halsloch die Nahtzugaben von 1 cm einzeichnen.

5

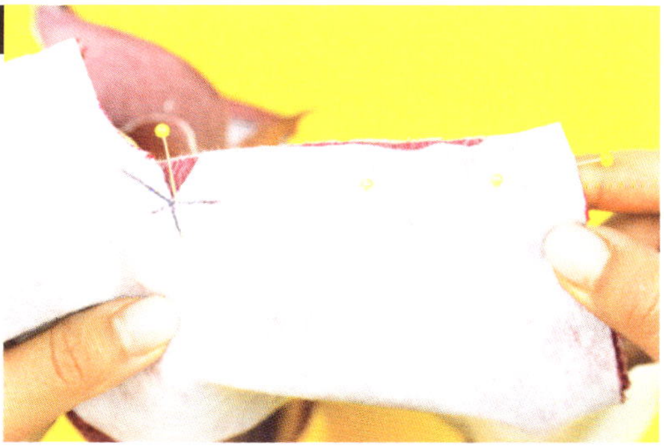

Anschließend das Vorderteil und das Rückenteil an der Schulternahtlinie rechts auf rechts aufeinanderstecken.

6

Darauf achten, dass die markierten Eckpunkte am Halsloch genau aufeinanderliegen. Die Schulternähte (1 cm breit) schließen, die Nahtzugaben auseinanderbügeln.

7

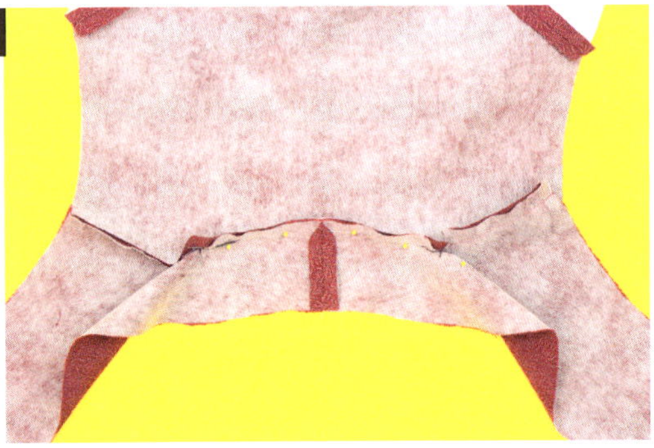

Den Kragen mit der unteren Kante rechts auf rechts auf das Halsloch stecken und exakt bis zum Einschnitt an den Ecken festnähen. Darauf achten, dass die Teile an der Mitte genau aufeinanderliegen.

8

Nun ist am Rückenteil (Übergang von der Schulter zum Halsloch) die Nahtzugabe in Form einer Raute sichtbar. Diese bis knapp vor der Naht einschneiden.

9

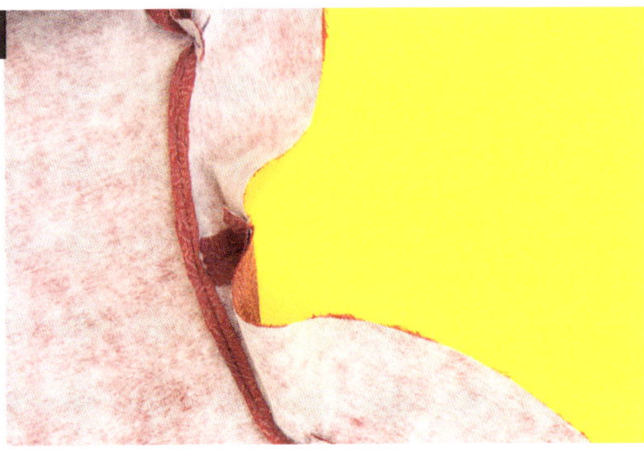

Die Nahtzugaben an den Schultern und am Halsloch auseinanderbügeln. Diese am Halsloch auf 0,3 cm zurückschneiden, damit sie sich an der Halsrundung gut anlegen.

10

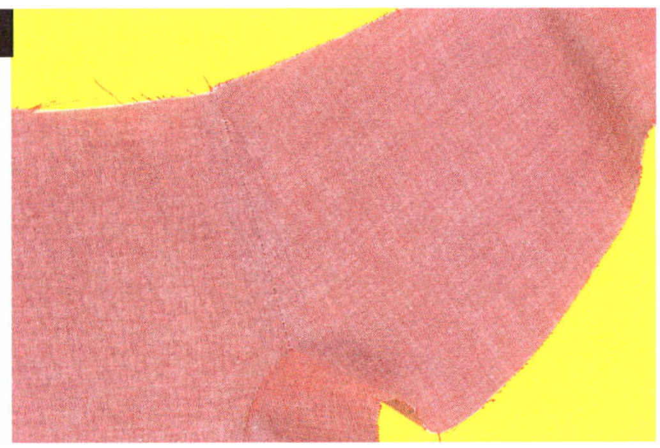

Anschließend die Schritte 2–12 für das Zusammennähen der Futterteile wiederholen.

11

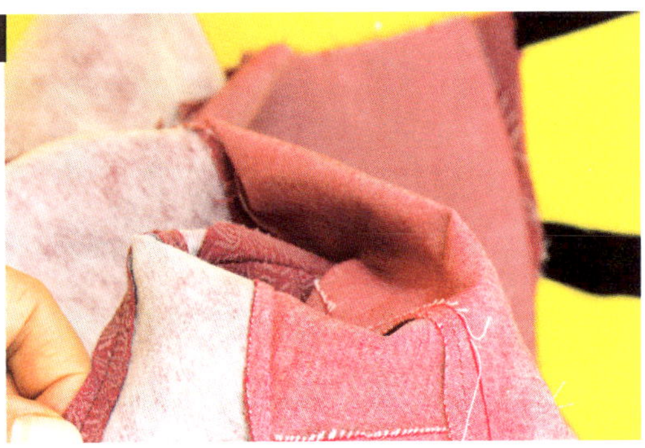

Nun das Futter rechts auf rechts auf das Oberstoffteil legen und an der Ausschnittkante (inklusive Kragen) aufeinandernähen, die Nahtzugaben der vorderen Kanten bleiben dabei umgeschlagen. Nahtzugaben, soweit möglich, auseinanderbügeln und auf 0,3 cm zurückschneiden. Oberteil nach rechts wenden, verstürzte Ausschnitt- und Kragenkante ausformen und sorgfältig bügeln.

12

Die Armlöcher verarbeiten wie beim Dirndloberteil Lara (Schritte 7–10 auf Seite 72).

13

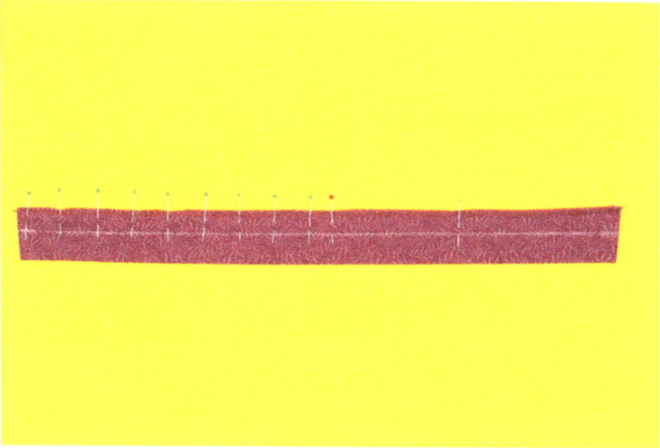

Den Beleg für die vordere Mitte ebenfalls vorbereiten wie beim Dirndloberteil Lara (Schritte 1–3 auf Seite 71). Die Ösenpositionen mit Stecknadeln markieren.

14

Auf dem Beleg die Nahtzugabe von 1,5 cm anzeichnen und die Ösen mit der Öffnung auf der Linie platzieren. Die Ösen einzeln von Hand annähen oder mit der Nähmaschine kleine Stiche vorsichtig über die Ösen nähen.

15

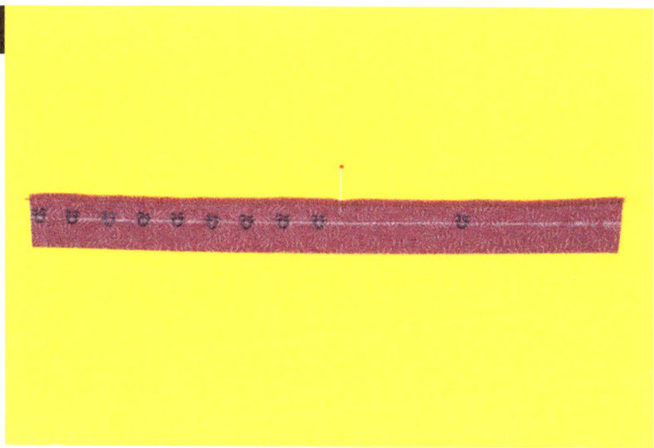

In der Abbildung markiert die rote Stecknadel die Position der Taillennaht, unterhalb der Taille wurde bei diesem Beispiel nur eine Öse angenäht.

Als nächsten Schritt das Rockteil anfertigen, dann Ober- und Rockteil zusammennähen. Erst danach den Hakenverschluss in der vorderen Mitte einarbeiten und die Seitennähte schließen wie im Folgenden beschrieben.

Dirndlrock Josefa

MIT FALTEN, NAHTTASCHEN UND DURCHGEHENDEM HAKENVERSCHLUSS

MATERIALIEN (FÜR GRÖSSE 38):

1,40 m Oberstoff, 1,60 m Einlageband (4 cm breit), farblich passendes Näh- und Overlockgarn

SCHNITTTEILE:

Schnittmusterbogen D und F, Schnittvorlagen kopieren, Vorlage für den kleinen Taschenbeutel erstellen wie auf Seite 113 beschrieben, Vorlagen für den Rock auf die gewünschte Länge anpassen, Zuschnitt vorbereiten wie auf Seite 11 beschrieben.

Empfohlene Nahtzugaben:

SCHNITTTEIL	ZUSCHNEIDEN	NAHTZUGABEN
rechtes und linkes vorderes Rockteil	2x Oberstoff	vordere Mitte 1,5 cm, Saum 5 cm, Seite 3 cm, Taille 2 cm
hinteres Rockteil	1x Oberstoff offen	Saum 5 cm, Seite 3 cm, Taille 2 cm
kleiner Taschenbeutel, großer Taschenbeutel	je 2x Oberstoff	2 cm

ZUSCHNEIDE-, EINLAGE- UND OVERLOCKPLAN:

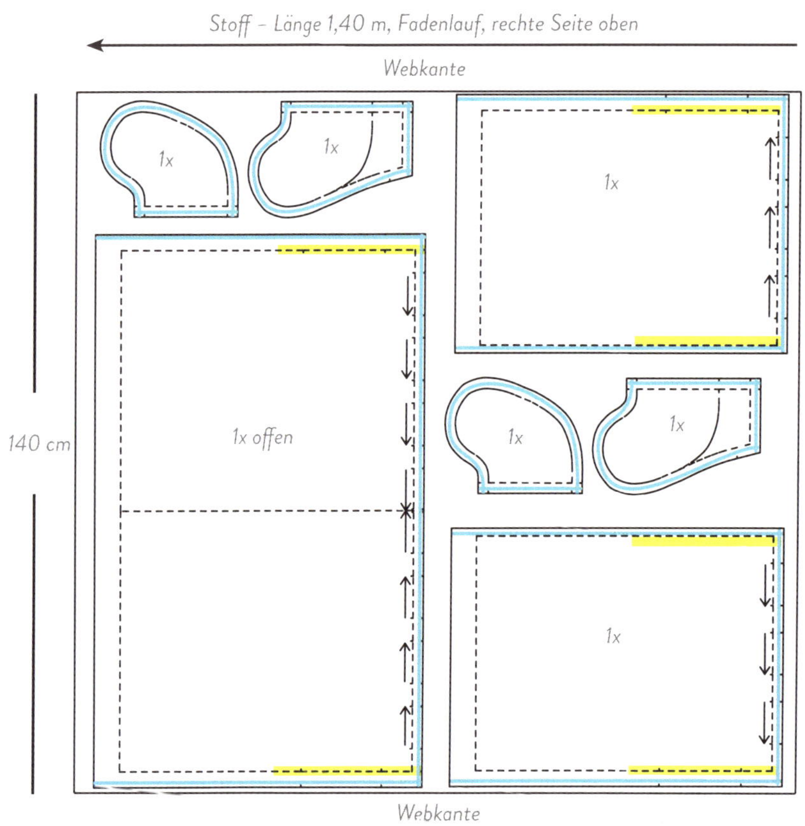

Gelb markierte Flächen bzw. Schnittteile werden mit Bügeleinlage verstärkt, türkis markierte Schnittkanten mit der Overlock versäubert, weitere Kanten können im Lauf des Nähprozesses versäubert werden. Der Stoff wird einlagig, also offen gelegt, mit der rechten Seite nach oben zugeschnitten.

1

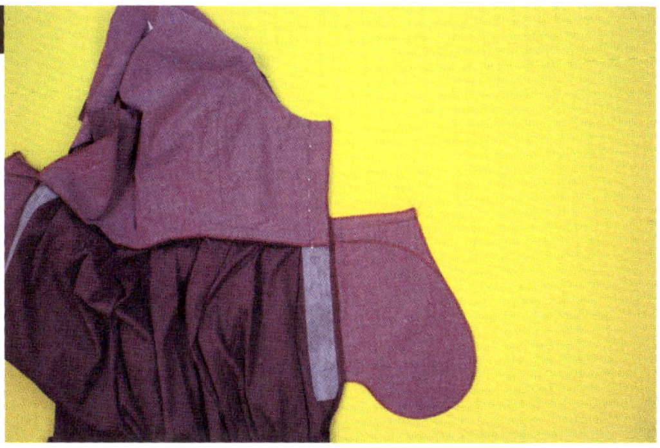

Den Rock in der vorderen Mitte genauso verarbeiten wie bei Dirndl Lara beschrieben (Schritt 1 auf Seite 75). Die Taschenbeutel an die Seiten nähen wie auf Seite 128 beschrieben, allerdings die Seitennähte und die Taschenbeutel noch nicht schließen. Dann die Falten legen wie auf Seite 136 beschrieben.

2

Die Seiten- und die Taillenkanten am oberen Rückenteil zusammen und am oberen Vorderteil einzeln versäubern (wie bei Dirndl Lara auf Seite 76). Die vorderen Rockteile rechts auf rechts an die untere Kante der oberen Vorderteile (nur an die Oberstofflage) stecken und annähen, das hintere Rockteil an beide Lagen des Oberteils annähen. Nahtzugaben nach unten bügeln (siehe auch Seite 75).

3

Vordere und hintere Dirndlhälfte an den Seiten rechts auf rechts aufeinanderstecken und -nähen, dabei fortlaufend auch die Taschenbeutel schließen. Die Nahtzugabe im oberen Bereich auseinanderbügeln.

4

Den Beleg mit den Ösen an die rechte vordere Kante (nur an die Oberstofflage) stecken. Darauf achten, dass die umgebügelte vordere Kante des Vorderteils genau an die eingezeichnete Linie des Belegs stößt und die Ösen etwas verdeckt sind. Die vordere Kante ca. 0,3 cm breit absteppen, dabei wird der Beleg mitgefasst.

5

Dann das Futter am Beleg feststecken und von Hand annähen (siehe auch Seite 133).

6

Am linken Vorderteil die vorderen umgeschlagenen Kanten von Oberstoff und Futter aufeinanderstecken und von rechts 0,3 cm breit aufeinandernähen, die Nahtzugaben befinden sich also zwischen den Lagen.

7 Um die Positionen der Haken auf der Innenseite des linken Vorderteils zu ermitteln, die linke Kante exakt auf die rechte mit den Ösen legen und die Positionen mit Stecknadeln übertragen (durchstechen).

8 Die Haken ca. 0,2 cm zurückversetzt von Hand annähen.

9

Damit der Taschenbeutel innen nicht lose herabhängt, oben mit ein paar Handstichen an dem Futter-Vorderteil festnähen. Es wird bei dieser Verarbeitungstechnik an der Taille nicht festgenäht, sondern bleibt lose.

10

Zum Schluss den Saum auch an den Seitennähten umbügeln und dann rundherum von Hand festnähen wie auf Seite 133 beschrieben.

Schürze Josefa

MIT HANDGENÄHTEN STIFTELN UND AUSTAUSCHBAREN BÄNDERN MIT GÜRTELSCHLIESSE

MATERIALIEN (FÜR GRÖSSE 38):

2 m Oberstoff, 1,50 m langes Reihkaro (ca. 5 cm breit), 15 x 45 cm Bügeleinlage, 1 Schürzenschließe (hier 4,5 cm hoch), 2 transparente Knöpfe (Ø ca. 1,8 cm), 80 cm Gummiband (3 cm breit), farblich passendes Näh- und Overlockgarn

SCHNITTTEILE:

Schnittmusterbogen C, Schnittvorlagen kopieren, die Vorlage für die Bänder um 44 cm verlängern. Die Gürtelteile in gleicher Länge, aber ohne Spitzen zuschneiden. Die Schnittvorlage auf die Länge des Rocks abstimmen, die Schürze sollte 3 cm kürzer sein.

Empfohlene Nahtzugaben:

SCHNITTTEIL	ZUSCHNEIDEN	NAHTZUGABEN
Schürzenteil	1x Stoff im Bruch	2 cm, Saum 5 cm
Band, Gürtelteil	je 2x Stoff	1 cm
Bund	1x Stoff offen, 1x Einlage offen	1 cm

ZUSCHNEIDE-, EINLAGE- UND OVERLOCKPLAN:

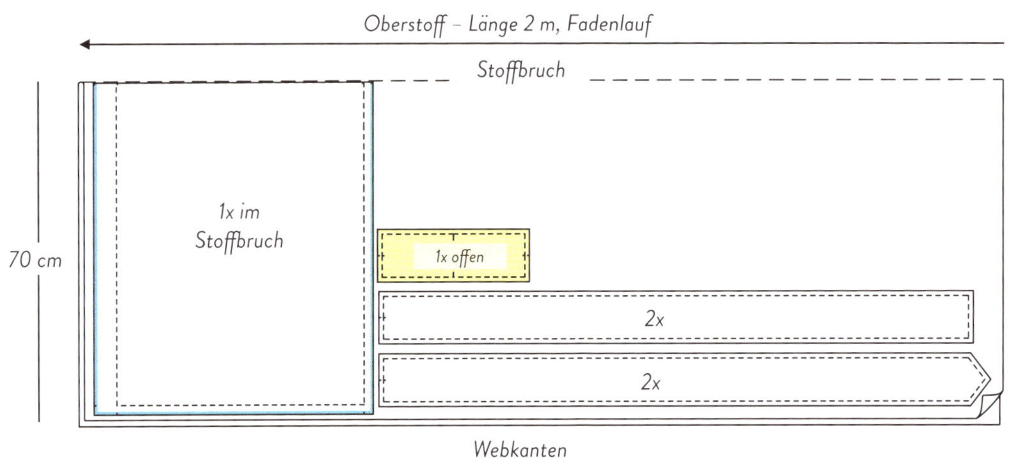

So werden die Schnittvorlagen auf den Stoff aufgelegt und die Schnittteile zum Nähen vorbereitet: Gelb markierte Flächen bzw. Schnittteile werden mit Einlage verstärkt, türkis markierte Schnittkanten mit der Overlock versäubert. Der Stoff wird bis auf den Bund im Bruch zugeschnitten, dabei liegt die rechte Seite innen. Die Einlage kann doppellagig, mit der Klebeseite nach innen zugeschnitten werden.

1

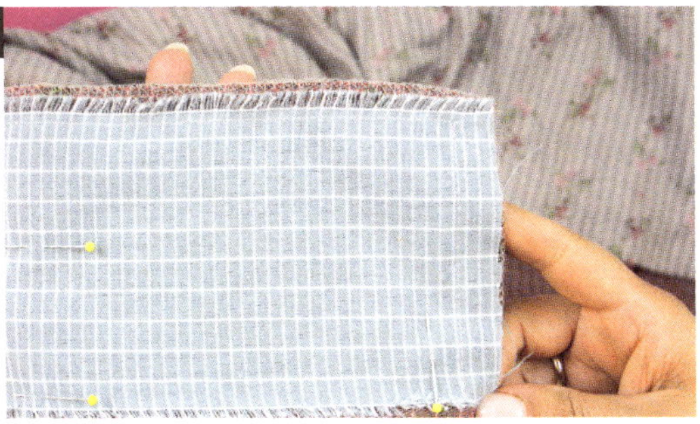

Das Reihkaro an der oberen Kante des Schürzenteils (linke Stoffseite) bündig anlegen und feststecken, Überstand an den Seiten bündig abschneiden. Das Reihkaro oben und an den Seiten festnähen.

2

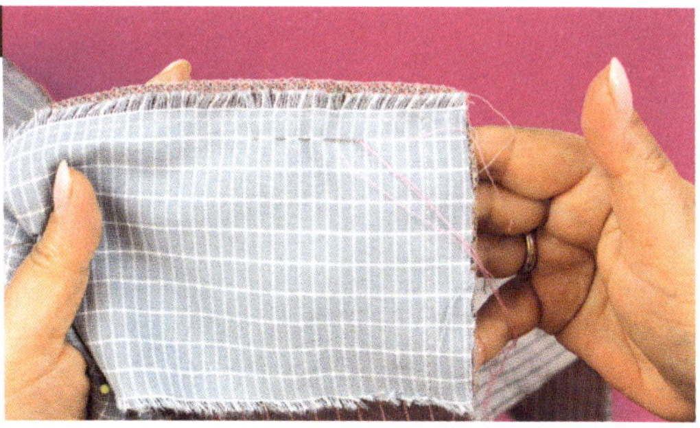

An der obersten Querlinie des Reihkaros mit Heftstichen von Hand Karo für Karo nachnähen. Der Faden sollte so lang sein, dass er für eine gesamte Reihe reicht. Fadenanfang und Ende verknoten, aber lang hängen lassen.

3

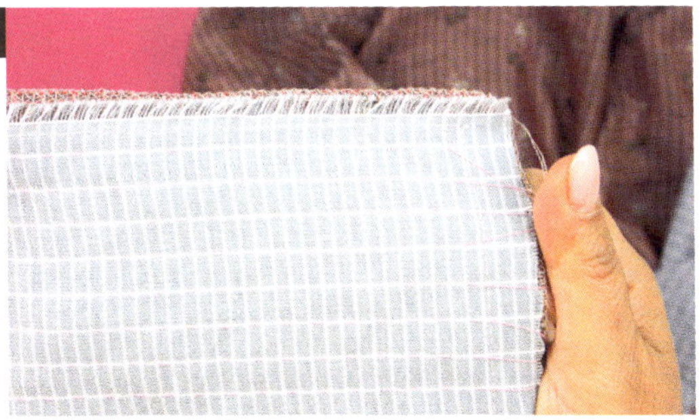

Für jede neue Reihe wieder einen neuen Nähfaden verwenden. Beim Heften darauf achten, dass die sichtbaren und unsichtbaren Stiche auf dem Reihkaro genau untereinander und nicht versetzt sind.

4

Dann alle Heftfäden an einer Seite festhalten und daran vorsichtig den Stoff auf Bundweite zusammenschieben.

5

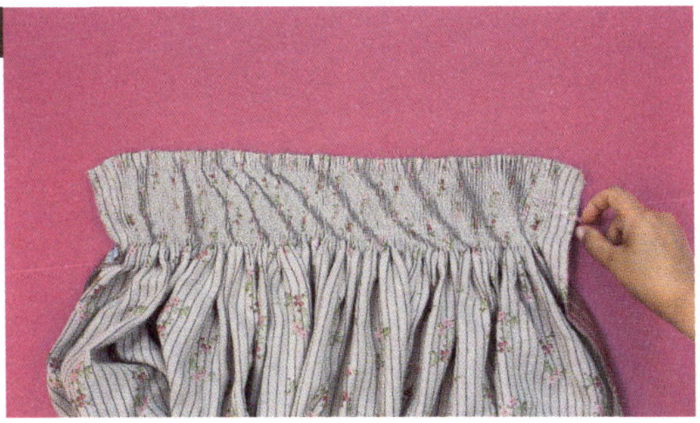

Bei dieser Variante ergeben sich aneinandergereihte „Stiftel", wie auch bei der Schürze Lara. Den Stoff oberhalb und unterhalb der Stiftel festhalten und diese geradeziehen und bügeln wie auf Seite 80 beschrieben.

6

Diese Ansicht zeigt die gestiftelte Partie von links. Die Stiftel sollten dort genauso gleichmäßig aussehen wie auf der rechten Stoffseite.

7

Die Saumzugaben doppelt umschlagen und von Hand oder mit der Maschine festnähen (siehe Seite 132–133).

8

Die Seiten zweimal 1,5 cm umschlagen und festnähen. Den Bund anbringen wie auf Seite 138 beschrieben.

9

Am Bund auf beiden Seiten jeweils im Abstand von 1,5 cm längs ein Knopfloch (ca. 2,5 cm lang) einarbeiten. 2 cm daneben und mittig dazu einen Knopf annähen.

10

Kanten an beiden Bändern zweimal 0,5 cm einschlagen, bügeln und 0,3 cm breit feststeppen. Jeweils ein Ende eines Bandes rechts auf rechts zur Mitte falten und 1 cm breit gerade abnähen, nach rechts wenden, bügeln.

11

An den gegenüberliegenden Enden die Kante genauso verstürzen, aber dann jeweils zu einem Dreieck bügeln. Ein Band hat somit zwei verschiedene Enden, eines ist schmal und gerade und das andere breit und spitz.

12

In das gerade Ende der Bänder jeweils mittig mit einem Abstand von ca. 1 cm zur verstürzten Kante ein Knopfloch (ca. 2,5 cm lang) quer einarbeiten.

13

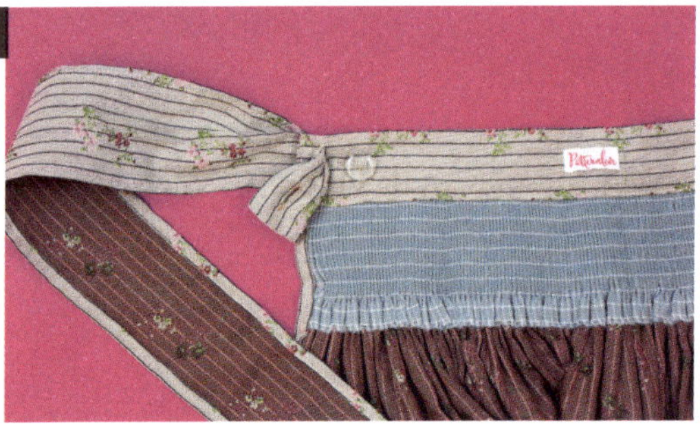

Dieses Bandende nun von außen auf einer Seite des Schürzenbundes durch das Knopfloch hindurchziehen und dann einknöpfen.

14

Gürtelstreifen jeweils längs rechts auf rechts falten und nur längs verstürzen. Streifen halbieren, um vier gleich lange Stücke zu erhalten. Gummiband halbieren und in zwei der vier verstürzten Schläuche einziehen.

15

Gummi im Schlauch jeweils an einer Öffnung feststeppen, an der anderen ca. 10 cm in den Gürtel rutschen lassen, Gummiende dort von außen feststeppen. Je ein Gürtelteil mit Gummi in ein glattes schieben und feststeppen.

16

Anschließend in das glatte Ende der Gürtelteile jeweils ein Knopfloch quer einarbeiten.

17

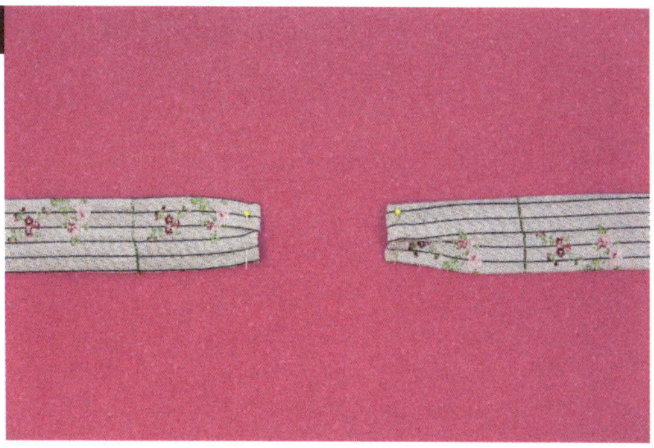

Die Nahtzugabe an den Enden der glatten Gürtelteile nach links umbügeln. Dann die Enden etwas verschmälern, dafür eine kleine Falte einbügeln und feststecken.

18

Nun die Schließe so platzieren, dass sie gut anzunähen ist. Diese Schließe hat keinen Steg, daher wird sie mit Handstichen zwischen den Ornamentdurchbrüchen angenäht.

19

Die Rückseite des Gürtels mit der angenähten Schließe. Es ist ratsam, die Schließe vorerst nur provisorisch mit ein paar Handstichen anzunähen (siehe folgender Schritt).

20

Die Gürtelteile mit der provisorisch befestigten Schließe wie die Bänder bei Schritt 13 an den Bund anknöpfen und dann die Schürze anprobieren. Ggf. die Länge des Gürtels an der Schließe regulieren, also kürzer stecken.

21

Die Schließe an beiden Gürtelseiten fest annähen, auch die umgebügelten Nahtzugaben. Somit verlaufen beide Gürtelhälften, jeweils ausgehend von der Schürze, hinten um die Taille bis zur Schließe in der vorderen Mitte.

Schnittabwandlungen

Hochgeschlossenes Dirndl

Wenn du dir ein hochgeschlossenes Dirndl nähen möchtest, kannst du als Basis das Oberteil von Dirndl Clara verwenden und den Schnitt des Vorderteils und der Bluse abwandeln.

Dirndl Clara → Dirndl Anna

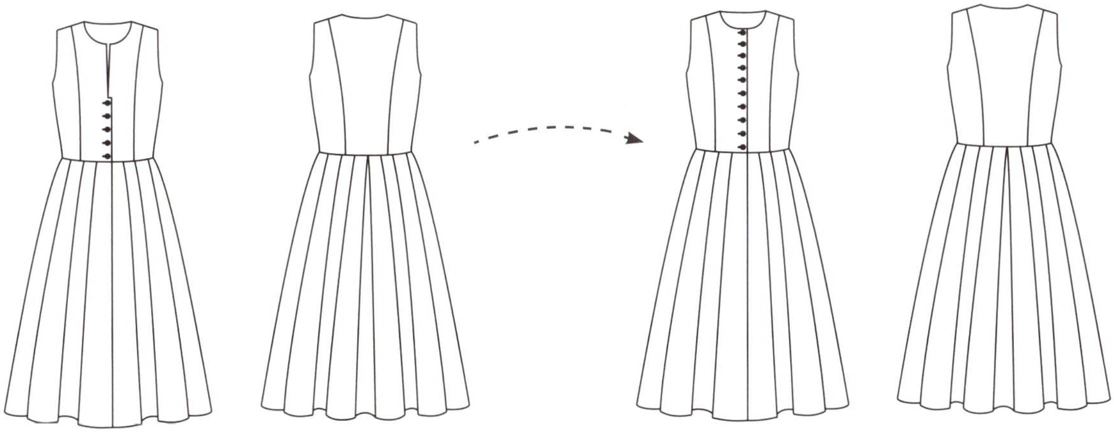

Dirndlbluse Ina → Dirndlbluse Anja

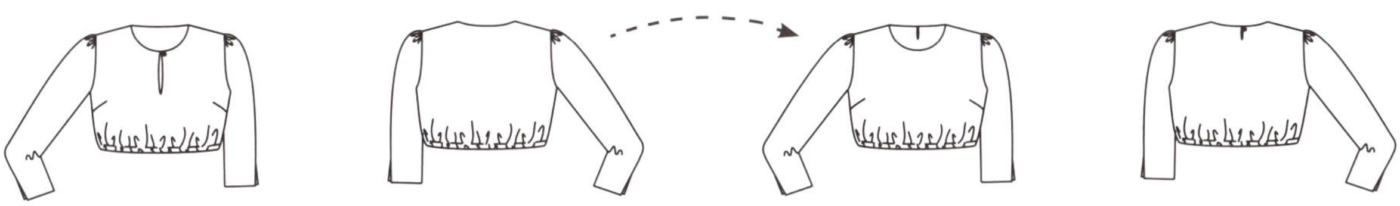

Für die Modellvariante Anna verlängerst du am Vorderteilschnitt des Dirndlkleids Clara die vordere Mitte und die vordere Kante gerade nach oben. Dann verlängerst du auch den Halslochverlauf an der vorderen Kante, bis er auf die Längslinien trifft. Anschließend misst du den Abstand zwischen zwei Knopflöchern aus und übertragst ihn mehrmals nach oben bis zum Ausschnitt, um die weiteren Knopflöcher einzuzeichnen.

Für die Blusenabwandlung Anja verwendest du den Blusenschnitt Ina und verlegst den vorderen Schlitzverschluss in das Rückenteil. Du kannst ihn auf die gleiche Weise verarbeiten.

Verschlussvariante für Bluse

Hier zeige ich dir, wie du einen Knopfverschluss an einem Blusenschnitt durch einen anderen Verschluss ersetzt. Damit der Ausschnitt beim Anziehen weit genug ist, erhält das neue Modell Mila in der hinteren Mitte einen Schlitz. Basis für die Konstruktion ist hier das Modell Greta.

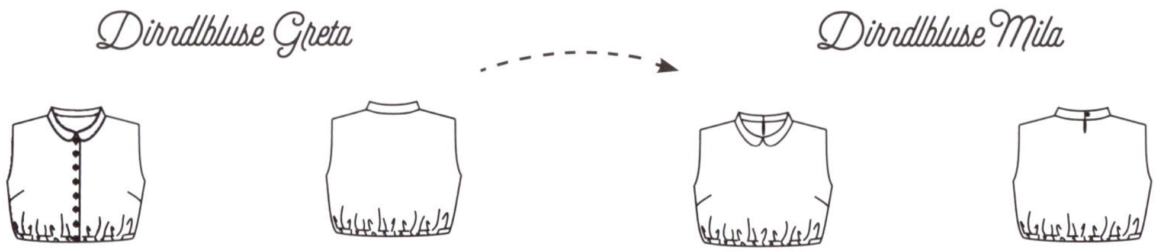

Zeichne an der vorderen Mitte des Vorderteilschnitts, an der die Knopflöcher markiert sind, eine senkrechte Linie und schneide die Vorlage dort ab. Diese Kante wird zum Bruch, das heißt, sie wird beim Zuschnitt an den Stoffbruch gelegt und braucht daher keine Nahtzugabe.

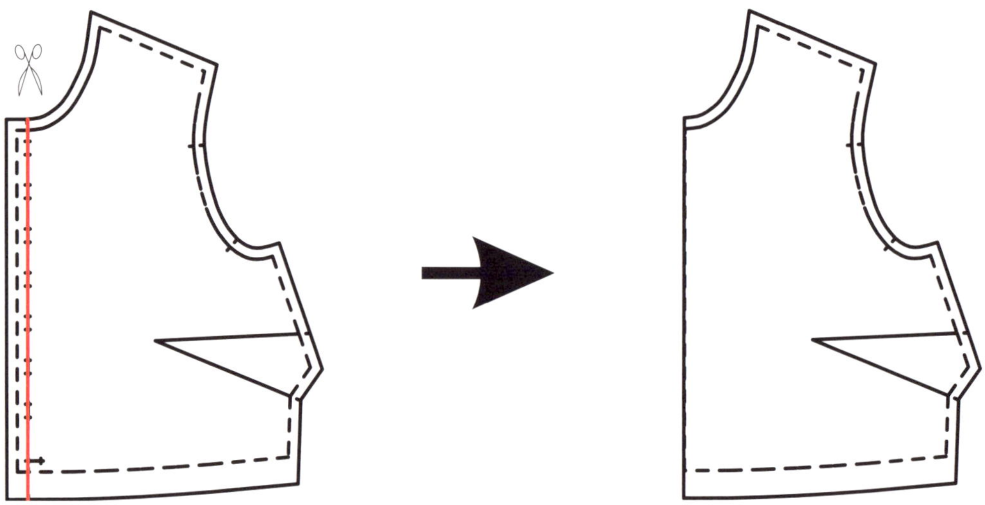

Den Schlitz auf der Rückseite der Bluse konstruierst du wie folgt: Markiere am Rückenteilschnitt in der hinteren Mitte die Länge des Schlitzes. Danach zeichnest du den Beleg in der angegebenen Breite ein, kopierst ihn neu heraus und zeichnest die Nahtzugaben an.

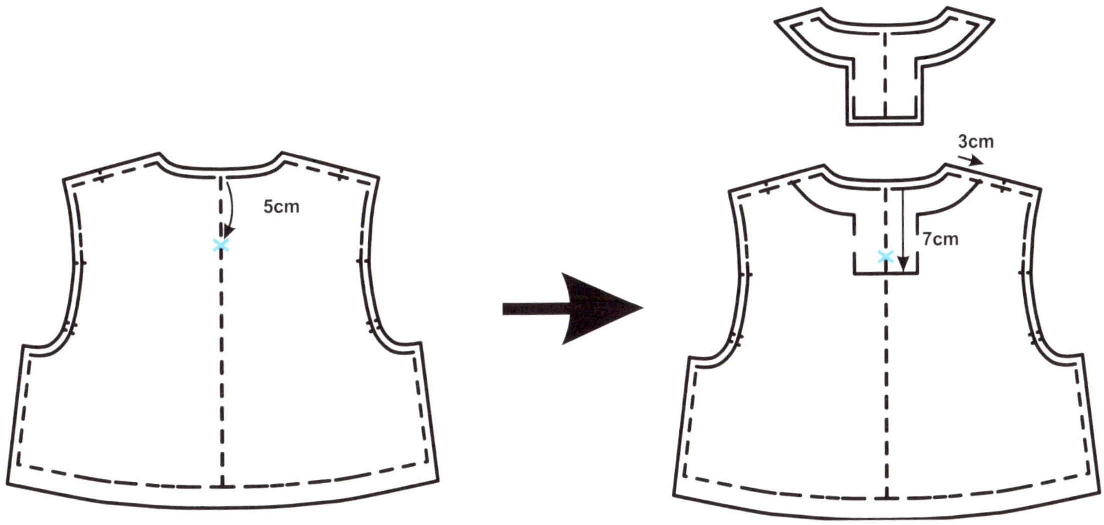

Wenn die Bluse wie das Modell Greta einen Kragen hat, muss auch dieser hinten geöffnet werden: Für den Schlitz fügst du einfach beim Zuschnitt an der hinteren Mitte des Ober- und Unterkragens die übliche Nahtzugabe hinzu.

Knopfleiste anfügen

Bei einem Blusenschnitt ohne Verschluss kannst du ganz einfach eine Knopfleiste anfügen. Als Basis dient hierfür die Dirndlbluse Wilma.

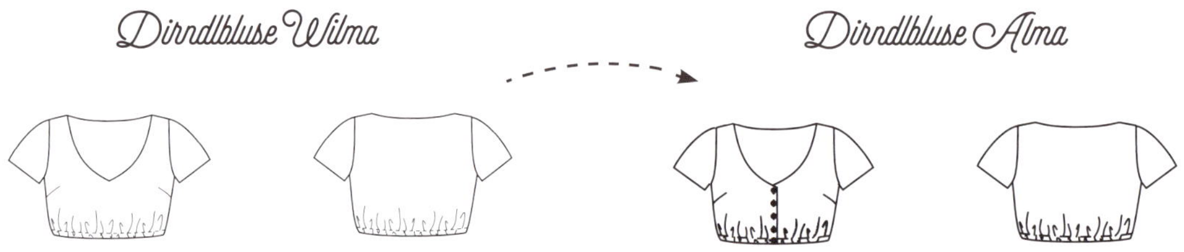

Zunächst zeichnest du am Vorderteil (genauer gesagt: außerhalb davon) eine Parallele zur vorderen Mitte mit einem Abstand von 1,5 cm ein. Von der neuen Linie misst du 3 cm ins Vorderteil und zeichnest eine senkrechte Linie für den Beleg ein. Verlängere die Ausschnittlinie schräg nach unten bis zur neuen Außenlinie. Spiegle den 3 cm breiten Beleg (inklusive schräger Ecke oben) an der Außenlinie und zeichne ihn am Ausschnitt fortlaufend bis zur Schulter ein. Markiere auf der vorderen Mitte die Knopfpositionen: die oberste 1,5 cm und die unterste 1 cm oberhalb des Saums. Miss die Strecke zwischen erstem und letztem Knopf aus und teile sie durch die Anzahl der Abstände zwischen den Knöpfen (bei fünf Stück wie hier sind es vier Abstände), um das Abstandsmaß zu erhalten und einzuzeichnen.

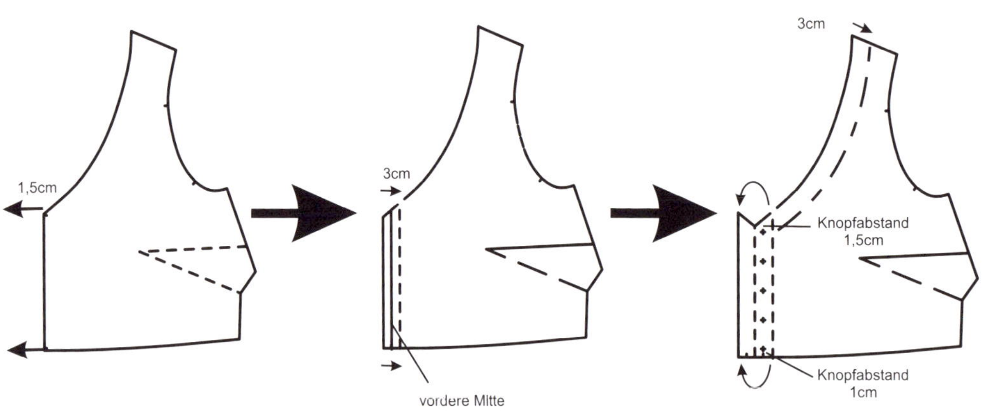

Beleg
Teil 16
ordere Mitte
Fadenlauf
Teil 16
73
51

Schnittvorbereitung und Nähtechniken

Schnittvorbereitung

NACHFOLGEND FINDEST DU ALLE INFORMATIONEN ZUM ERSTELLEN DER SCHNITTVORLAGEN, DIE NICHT IN DEN SCHNITTMUSTERBÖGEN ENTHALTEN SIND.

ICH ZEIGE DIR, WIE DU BELEGE AUS DEN OBERTEIL-SCHNITTMUSTERN KOPIERST, WIE DU AUS VORHANDENEN SCHNITTVORLAGEN BELEGE FÜR AUSSCHNITTE, ARMLÖCHER ODER ÄRMELSÄUME HERAUSKOPIEREN KANNST. AUSSERDEM ZEIGE ICH DIR, WIE DU AUS EINEM KRAGEN EINEN OBERKRAGEN MIT MEHRWEITE, SCHNITTTEILE FÜR RÜSCHEN, UNTERSCHIEDLICHE TASCHENBEUTEL FÜR DAS DIRNDL LARA UND UNTERSCHIEDLICHE ROCKTEILE ERSTELLEN KANNST.

Schnittvorlagen für Belege erstellen

VORLAGE FÜR AUSSCHNITTBELEG

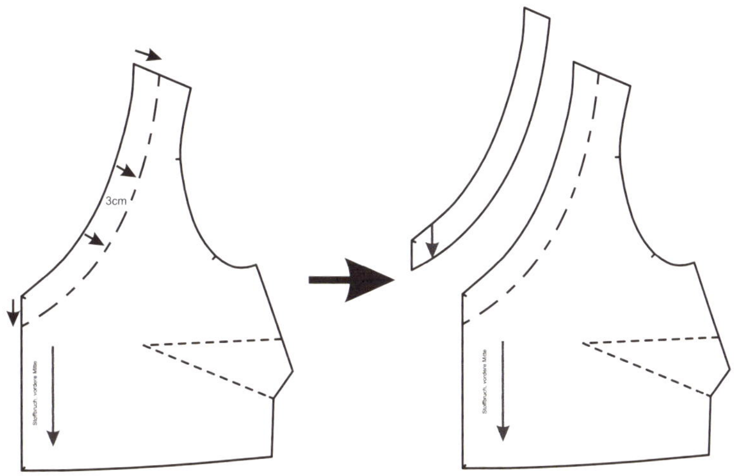

Miss am vorderen Ausschnitt einen gleichmäßigen Abstand von 3 cm ab und zeichne eine parallele Linie ein. Kopiere dieses Schnittteil heraus und zeichne den gleichen Fadenlauf wie am Vorderteil und die Nahtzugaben an.

VORLAGE FÜR VORDERTEILBELEG UND -FUTTER (OBERTEIL CLARA)

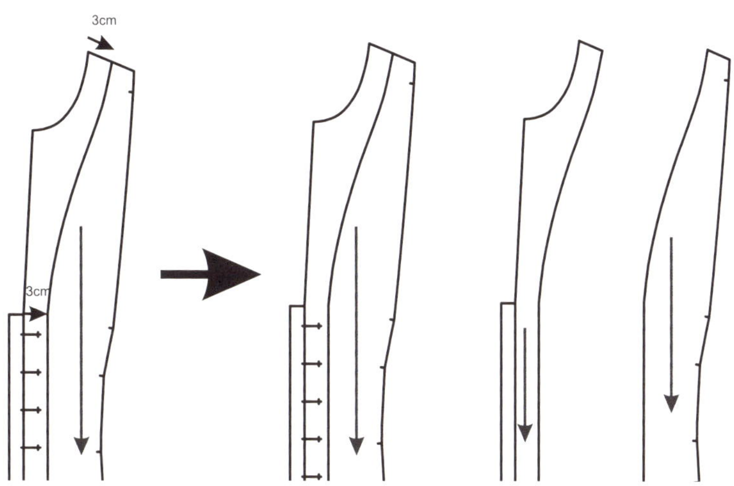

Mithilfe der eingezeichneten Beleglinie am Vorderteil kannst du die Vorlage für den Beleg sowie die für das Futter-Vorderteil herauskopieren. Zeichne anschließend die Nahtzugaben an.

Schnittvorlagen für Belege erstellen

REISSVERSCHLUSSBELEG VERLÄNGERN (MODELL JOSEFA)

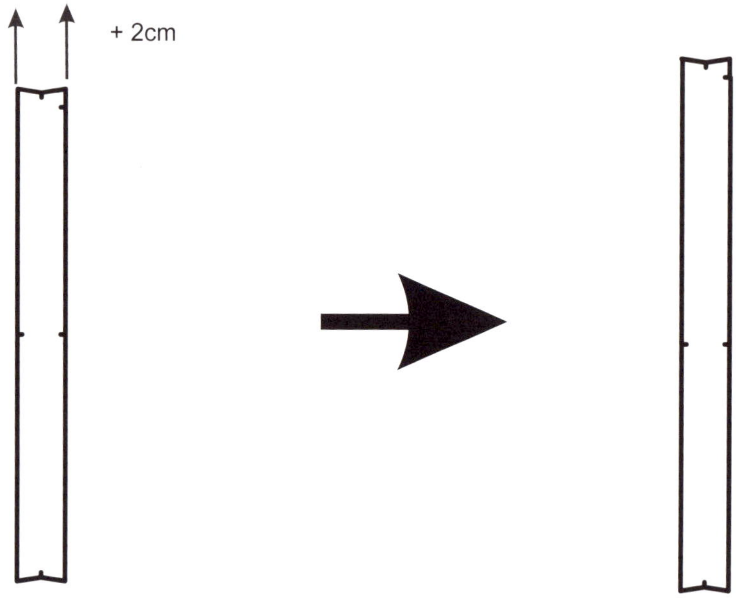

Für das Dirndlkleid Josefa verlängerst du den Vorderteilschnitt für den Reißverschlussbeleg nach oben um 2 cm, kopierst diesen heraus und fügst die Nahtzugabe rundherum an.

VORLAGE FÜR ARMLOCHBELEG (MODELL GRETA)

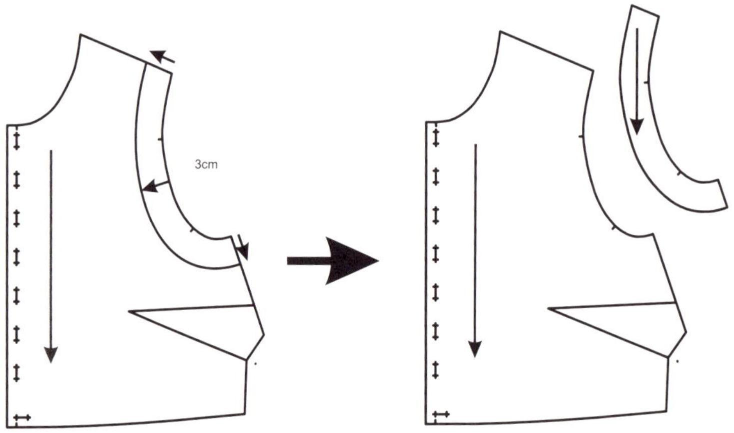

Für ein ärmelloses Dirndl benötigst du je einen Armlochbelegschnitt für das Vorder- und Rückenteil. Dafür zeichnest du die Beleglinie am jeweiligen Teil im Abstand von 3 cm vom Armloch nach innen ein, dann kopierst du die Schnittvorlagen heraus. Füge rundherum die Nahtzugabe an.

VORLAGE FÜR ÄRMELSAUMBELEG (MODELL INA)

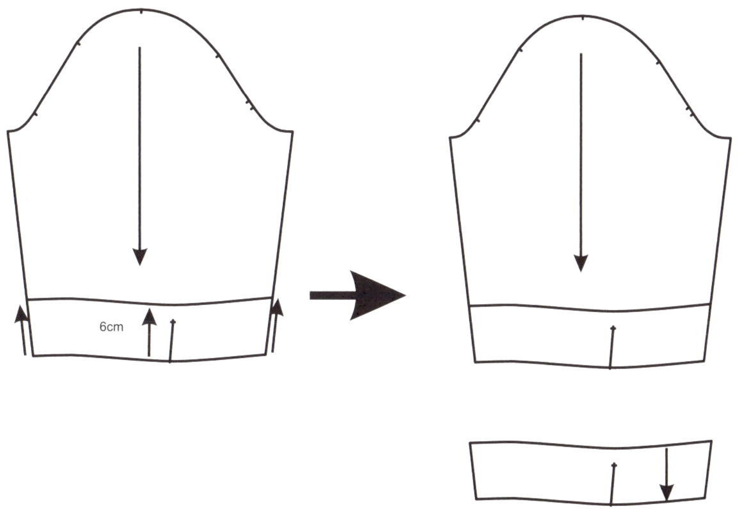

Zeichne die Linie für den Ärmelsaumbeleg 6 cm parallel zum Saumverlauf ein und kopiere den Beleg heraus, übernimm dabei die Markierung für die Schlitzposition. Zeichne dann noch rundherum die Nahtzugabe an.

VORLAGE FÜR ÄRMELRÜSCHE (MODELL MAGDA)

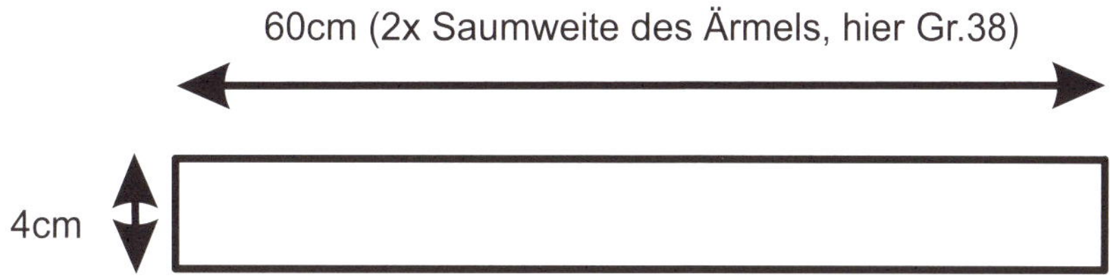

Für die Rüschen an den Ärmeln von Dirndlbluse Lola zeichnest du mithilfe eines Lineals eine Schnittvorlage mit einer Größe von 4 x 60 cm (bzw. in der Länge der doppelten Saumweite des Ärmels); füge dann rundherum noch 1 cm Nahtzugabe an.

Mehrweite in Oberkragen einfügen

VORLAGE FÜR BUBI-OBERKRAGEN MIT MEHRWEITE (MODELL GRETA)

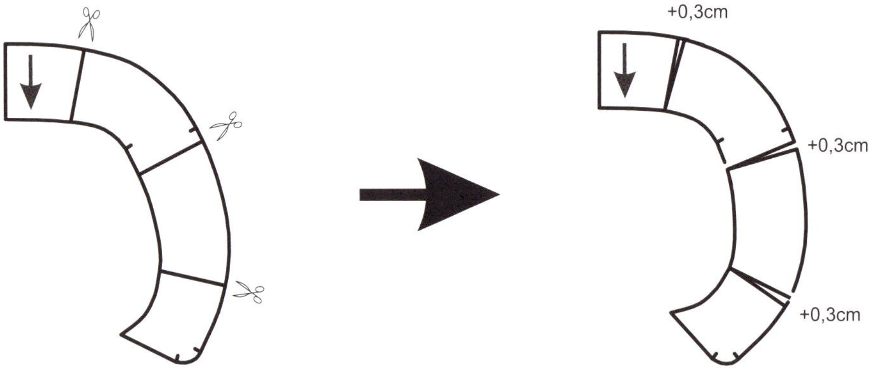

In der Abbildung siehst du, wie du am Kragenschnitt des Modells Greta Mehrweite für den Oberkragen einfügst, damit dieser sich schöner an Hals und Schultern anlegt. Dafür kopierst du den vorhandenen Kragenschnitt und unterteilst ihn dann gleichmäßig mit drei Hilfslinien. Schneide die Vorlage an den Linien von der äußeren bis knapp zur inneren Kante ein. Öffne die Vorlage an jedem Einschnitt um 0,3 cm (das nennt man „aufdrehen“) und gleiche die Außenlinie neu an. Für die neue Vorlage kannst du Papierstreifen unterkleben.

VORLAGE FÜR KLEINEN TASCHENBEUTEL ERSTELLEN (MODELL CLARA UND JOSEFA)

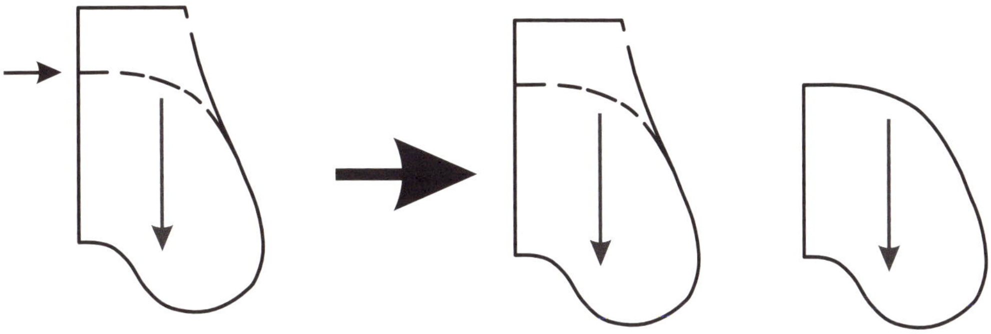

Die Linie für den kleinen Beutel ist im Schnittmusterbogen bereits eingezeichnet. Kopiere aus dem Schnitt für den großen Taschenbeutel den kleineren heraus und füge dann rundherum noch die Nahtzugaben an. Vergiss nicht, den Fadenlauf zu übertragen.

VORLAGE FÜR DOPPELTEN TASCHENBEUTEL ERSTELLEN (MODELL LOLA UND LARA)

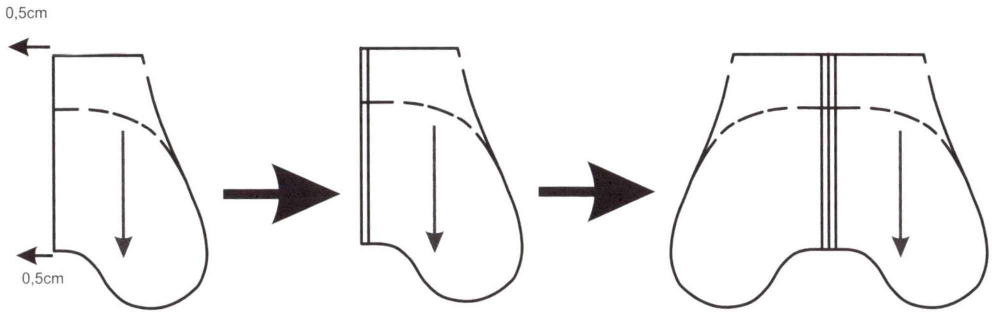

Um den Schnitt für den doppelten Taschenbeutel zu erstellen, nimmst du ein größeres Stück Papier und überträgst den großen Taschenbeutelschnitt darauf. Dann zeichnest du außen neben der geraden Längslinie (mit 0,5 cm Abstand) eine Parallele. Verlängere oben und unten die Kontur des Beutels bis zur neuen Linie. Anschließend spiegelst du das Schnittteil an der neuen Längslinie, du öffnest also gewissermaßen den Taschenbeutel.

Oberteilschnitt Lara erstellen

OBERTEIL LARA KONSTRUIEREN

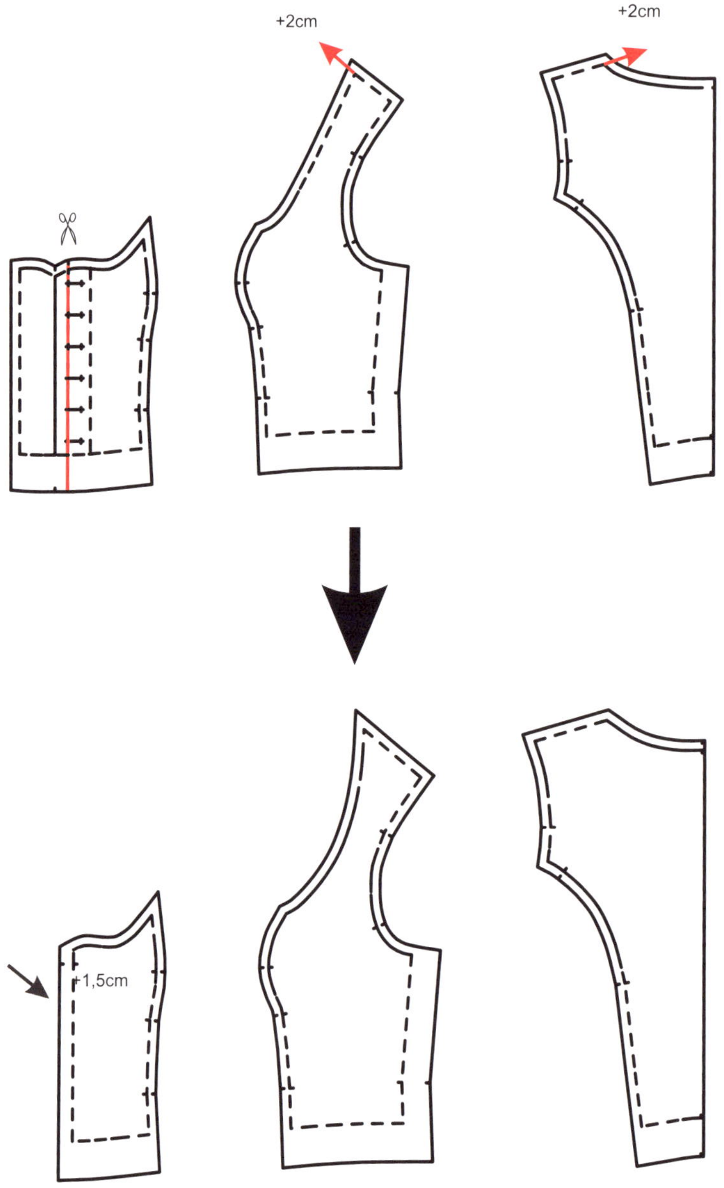

Die Vorlagen für das Oberteil von Dirndl Lara (Outfit 4) erstellst du aus denen von Dirndl Luisa. Dafür schneidest du am Vorderteil in der vorderen Mitte den Übertritt mit Beleg ab und fügst eine Nahtzugabe von 1,5 cm an. Verlängere am seitlichen Vorderteil und am mittleren Rückenteil die Schulterlinie am Hals um 2 cm und gleiche den Ausschnittverlauf neu an.

Rock- und Schürzenschnitt ergänzen

SCHNITT FÜR RECHTES ROCKTEIL ERSTELLEN

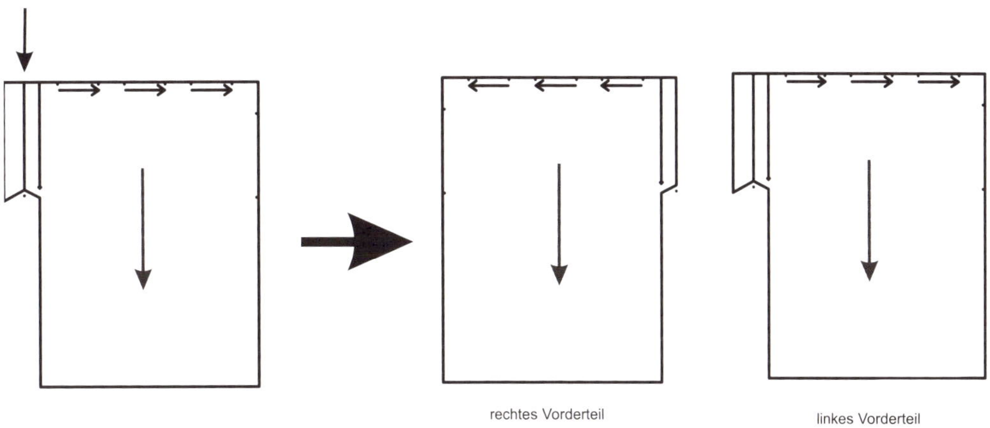

Aus dem linken vorderen Rockteil kannst du ganz einfach das rechte vordere Rockteil erstellen. Kopiere das Schnittteil inklusive Beleg heraus und wende es dann um, sodass die Schlitzöffnungen sich gegenüberliegen.

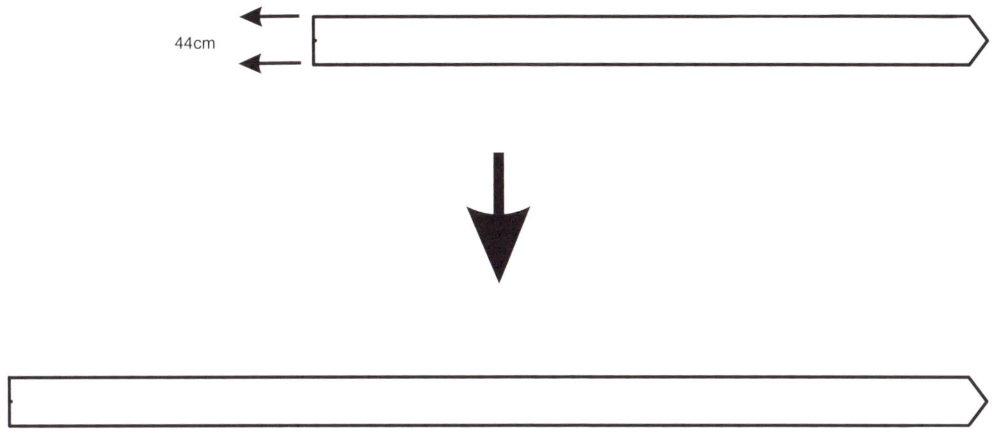

Die Schnittvorlage für das Schürzenband (auf dem Schnittmusterbogen vorhanden) verlängerst du an den Längskanten für alle Kleidergrößen um 44 cm.

Nähtechniken

NACHFOLGEND FINDEST DU ALLE WICHTIGEN NÄHTECHNIKEN, DIE IM BUCH NICHT BEI DEN ANLEITUNGEN DER EINZELNEN MODELLE BESCHRIEBEN SIND.

ICH ZEIGE DIR HIER SCHRITT FÜR SCHRITT, WIE DU ABNÄHER UND SAUMTUNNEL NÄHST, BELEGE ZUSAMMENNÄHST, ÄRMEL VORBEREITEST UND EINNÄHST, KNOPFLÖCHER POSITIONIERST, SCHLITZE IN BLUSEN UND RÖCKE EINARBEITEST, EINGRIFF- UND DIRNDLTASCHEN NÄHST, SÄUME UND KANTEN AN RÖCKEN UND BÄNDERN VERARBEITEST UND WIE DU EINEN SCHÜRZENBUND MIT BÄNDERN ANNÄHST.

BLUSEN

ABNÄHER NÄHEN

1

Die Abnäher-Endpunkte (Abnäherspitzen) und die Abnäherlinien (Abnäherschenkel) mit einem Kreidestift vom Schnitt auf das Vorderteil übertragen.

2

Das Vorderteil am Abnäher, von der Seitennaht ausgehend, so falten, dass die rechte Stoffseite innen liegt und die Abnäherlinien genau aufeinanderliegen. Den Abnäher dort bis zur Spitze stecken. Diese mit einer Quernadel markieren.

3

Den Abnäher nähen, dabei an der breiten Seite beginnen, die Naht verriegeln und bis zur Spitze nähen. Du kannst das Nahtende verriegeln oder die Fäden hängen lassen und dann verknoten.

4

Anschließend den Abnäher am Vorderteil nach unten klappen und von links bügeln. Darauf achten, dass dabei an der Spitze keine „Tüte“ entsteht.

ARMLOCHBELEGE ZUSAMMENNÄHEN

1

Die vorderen und hinteren Armlochbelege mit der rechten Stoffseite nach oben so anordnen, wie sie aneinandergenäht werden sollen, die vorderen liegen hier innen und die hinteren außen.

2

Nun die vorderen jeweils rechts auf rechts auf die hinteren Armlochbelege legen und oben und unten an den schmalen Enden aufeinanderstecken.

3

Die Belege jeweils 1 cm breit zusammennähen und die Nahtzugaben auseinanderbügeln. Die Nahtzugaben auf 0,5 cm zurückschneiden.

ZUM RING GESCHLOSSENER GUMMIZUG

1

Nach dem Schließen der Abnäher und der Seitennähte die versäuberte Saumzugabe am Oberteil 2,5 cm nach links umschlagen und bügeln.

2

Die Saumzugabe rundherum feststecken, dabei an einer Seitennaht eine Öffnung von ca. 2 cm lassen, mit Quernadeln markieren.

3

Den Saum 1,5 cm breit von links feststeppen und das Gummiband dann mithilfe einer Sicherheitsnadel durch die Öffnung in den Tunnel einziehen.

4

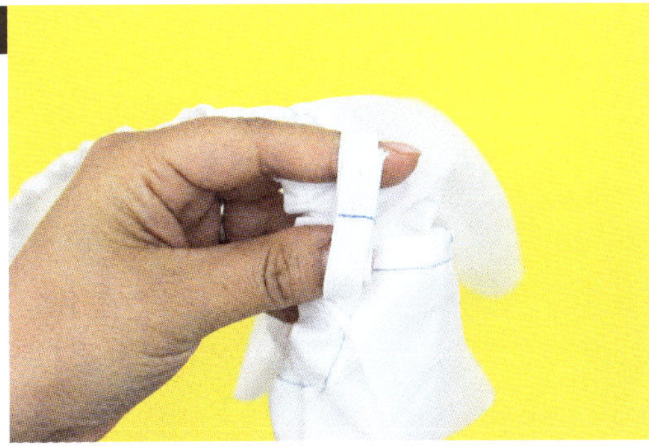

Das Gummiband ein Stück herausziehen und die Enden übereinanderlegen und -nähen. Das Band dann im Tunnel verschwinden lassen.

5

So sieht der fertige Gummizug an der Bluse aus.

GUMMIZUG MIT BELEGECKEN

1

Nach dem Schließen der Abnäher und der Seitennähte die versäuberte Saumzugabe am Oberteil 2,5 cm nach links umschlagen und bügeln.

2

An der vorderen Ecke mit dem umgebügelten Beleg die Gummibandenden in den Saum einlegen und jeweils längs an der Belegkante festnähen.

3

Das Gummiband dann fortlaufend in den Saum einlegen und die Saumzugabe feststecken. Darauf achten, dass das Band nicht mit erfasst wird.

4

Dann den Tunnel 2 cm breit von links feststeppen, dabei immer ein Stück Saum gerade ziehen, um keine Falten einzunähen.

ÄRMEL EINHALTEN ODER EINKRÄUSELN

1

Die Positionen der Passzeichen vom Ärmelschnitt auf die Armkugel übertragen und mit kleinen Einschnitten (Knipse) oder Stecknadeln markieren.

2

Die Kante an den drei obersten Passzeichen auf der Nahtzugabe 0,5 cm breit absteppen. Dabei den Beginn der Naht verriegeln und am Ende die Fäden hängen lassen. Den Oberfaden festhalten und den Stoff daran auf die nötige Weite zusammenschieben.

3

Ärmel „einhalten": Die eingereihte Weite auf der Zugabe so einbügeln, dass zwar oben an der Kante Fältchen sind, aber nicht unten an der Annählinie.

4

Beim Einbügeln oder Einhalten wird die kleine Mehrweite an der Armkugel zusammengefasst, damit der Ärmel später gut fällt.

5

Beim Einbügeln oder Einhalten wird die kleine Mehrweite an der Armkugel zusammengefasst, damit der Ärmel später gut fällt.

Hier dürfen sich Fältchen bilden: Für einen Ärmel mit sichtbaren Kräuseln ist grundsätzlich mehr Weite zum Einreihen an der etwas höheren und/oder breiteren Armkugel vorhanden als bei einem glatt eingesetzten Ärmel, bei dem die Armkugel nur „eingehalten" wird.

KNOPFLÖCHER SENKRECHT EINARBEITEN

1

Die Knopfpositionen vom Schnitt auf das rechte Vorderteil übertragen. Für Knöpfe mit 1 cm Durchmesser von jeder Knopfposition jeweils 0,5 cm nach oben und unten messen und das Knopfloch anzeichnen. Die Knopflöcher einarbeiten.

2

Anschließend die vorderen Kanten der Vorderteile links auf links genau aufeinanderstecken und mit einer Stecknadel das obere Ende des obersten Knopflochs durchstechen und auf der Rückseite, somit auf dem linken Vorderteil, die Ausstichstelle der Nadel mit einem Stift markieren.

3

Diesen letzten Schritt am unteren Ende des untersten Knopflochs entsprechend wiederholen und Knopfposition übertragen.

4

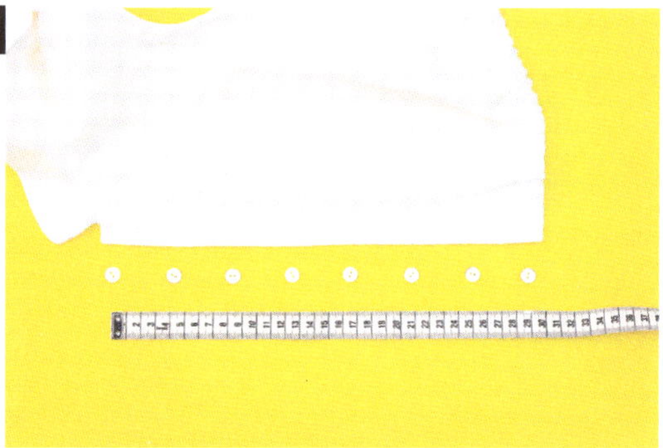

Den Abstand zwischen der obersten und untersten Markierung auf dem linken Vorderteil ausmessen und durch die Anzahl der Knopfabstände (Knopfanzahl minus 1) teilen. Das Ergebnis bestimmt den Abstand zwischen den Knöpfen. Entsprechend dem errechneten Maß die weiteren Knopfpositionen einzeichnen und die Knöpfe annähen.

HINTEN GETEILTER BUBIKRAGEN

1

Den Unterkragen jeweils rechts auf rechts auf den Oberkragen stecken und 1 cm breit an der hinteren Mitte und an der Außenkante zusammennähen.

2

Dann die Nahtzugaben an den Nähten auf 0,3 cm zurückschneiden und die Kragenhälften wenden.

3

Anschließend die Nahtkanten an den Kragenhälften ausformen, damit sich eine gleichmäßige Rundung ergibt, und sorgfältig bügeln (siehe auch den folgenden Schritt).

4

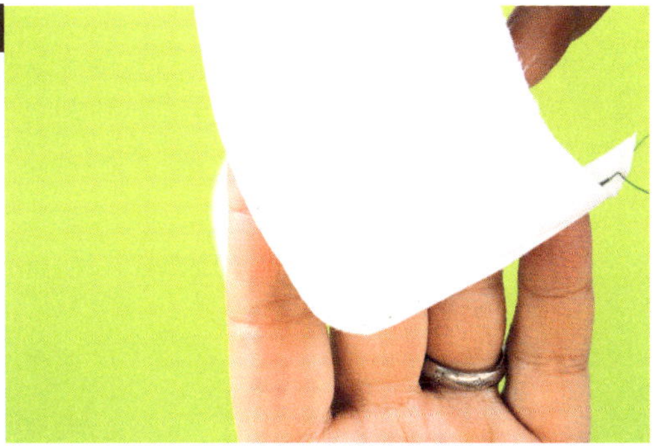

Durch die kleine Mehrweite im Oberkragen, die sich beim Nähen über die Kante rollt, liegt die Naht an der Unterseite des Kragens etwas nach innen versetzt, also nicht direkt an der Kante.

5

An der vorderen Mitte des Kragens die Nahtzugabe (1 cm) für die Ansatznaht markieren. Die beiden Kragenhälften so aneinanderlegen, dass sie dort in der Mitte an den Linien aneinanderstoßen.

6

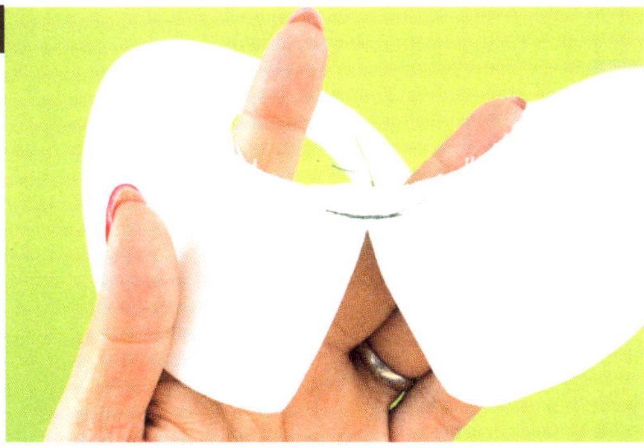

Kragenhälften an der vorderen Mitte in der Zugabe aufeinandernähen. Dann den Kragen offen am Halsloch festnähen. Den fertigen Beleg rechts auf rechts daraufstecken, festnähen und nach innen klappen.

OBERTEILE

KNOPFLÖCHER QUER EINARBEITEN

1

Die Positionen der Knopflöcher vom Schnitt auf das rechte Vorderteil übertragen und die Knopflöcher in entsprechender Größe einarbeiten.

2

Die Vorderteile an den vorderen Kanten links auf links genau aufeinanderstecken und durch jedes Knopfloch eine Nadel (durch beide Teile) stecken.

3

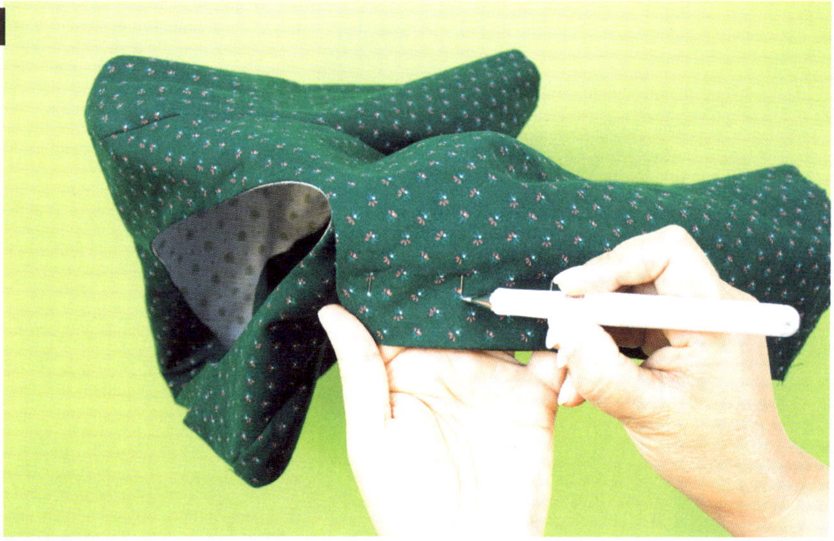

Auf der rechten Seite des linken Vorderteils nun die Ausstichstellen der Nadeln mit einem Stift markieren. Die Knöpfe an diesen Positionen annähen.

VERDECKTER SCHLITZ MIT ÜBER-/UNTERTRITT

1

Den verstärkten Untertrittbeleg des linken Vorderteils 5 cm umbügeln, dabei kann man sich für die Breite auch an den Passzeichen orientieren.

2

Dann von der rechten Seite die umgebügelte Kante des Untertritts 3 cm breit feststeppen.

3

Anschließend den Übertrittbeleg des rechten Vorderteils ebenfalls 5 cm umbügeln.

4

Die Vorderteile in der vorderen Mitte rechts auf rechts vom Saum bis zum Übertritt aufeinanderstecken. Darauf achten, dass die beiden Teile am Ende des Übertritts genau aufeinanderliegen.

Die Schlitzöffnung prüfen, sie sollte 22 cm lang sein. Dann die Vorderteile mit 1 cm Nahtzugabe bis zum Schlitz zusammennähen.

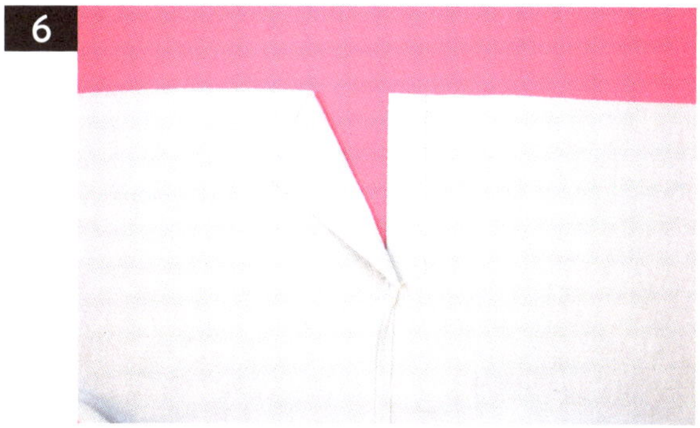

Die Nahtzugaben auseinanderbügeln, dabei am Übergang zu den Schlitzbelegen die Zugaben schräg auslaufend bügeln.

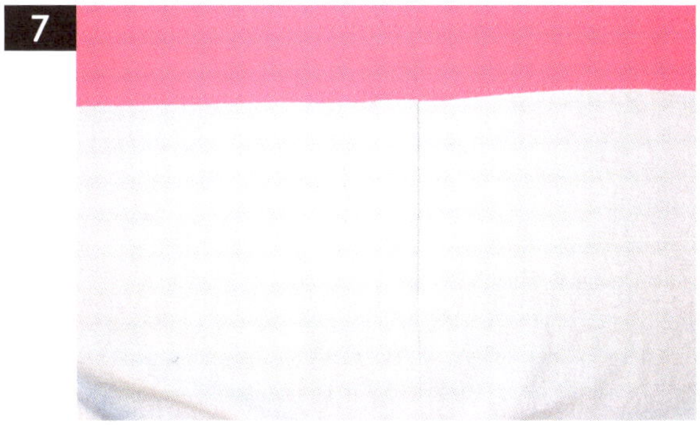

Nun von rechts im Abstand von 3 cm zur Schlitzkante mit Kreide eine Stepplinie einzeichnen und am Ende zur Naht in der Mitte eine schräge Querlinie.

Auf dieser Linie von rechts den Übertritt absteppen, dabei werden der Beleg sowie der Untertritt an der schrägen Quernaht unten mitgefasst.

RÖCKE

EINGRIFFTASCHE IN DER SEITENNAHT

1

Die Passzeichen seitlich am vorderen Rockteil für den Tascheneingriff mit Quernadeln markieren oder einknipsen. Die Rückseite mit Einlage verstärken.

2

Den kleinen Taschenbeutel rechts auf rechts zwischen den Passzeichen an die Seite des Vorderteils stecken und mit 1 cm Nahtzugabe festnähen.

3

Dann den Taschenbeutel zur Seite klappen, die Naht bügeln und knappkantig absteppen, dabei werden die darunterliegenden Nahtzugaben mitgefasst.

4

Den hinteren Taschenbeutel gemäß Schnitt an die Seite des hinteren Rockteils nähen, zur Seite bügeln und die Naht ebenfalls knappkantig absteppen.

5

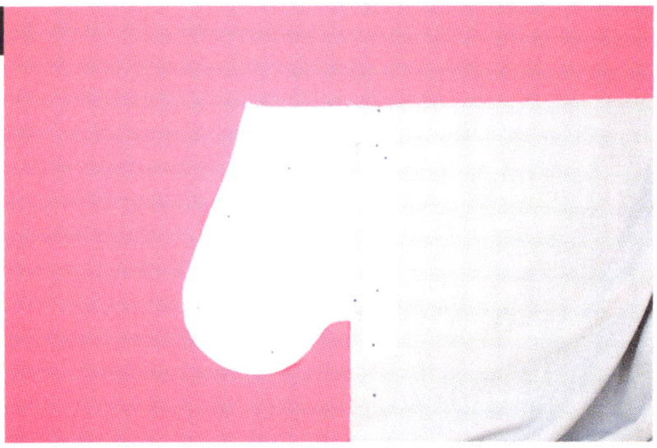

Die Rockteile mit den Taschenbeuteln an den Seiten aufeinanderstecken und die Seiten und die Taschenbeutel fortlaufend zusammennähen.

6

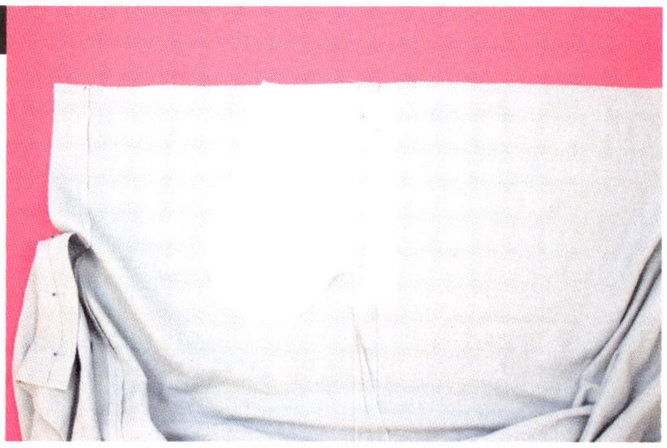

Die Seitennaht auseinanderbügeln und dabei die Taschenbeutel nach vorn legen, hier die Nahtzugabe unterhalb der Tasche schräg auslaufend bügeln.

7

So sieht die fertige Eingrifftasche von der rechten Rockseite aus.

8

Nach Belieben können die Tascheneingriffe noch mit ein paar Querstichen von außen festgenäht werden, damit sie nicht so schnell ausreißen.

9

Nach dem Einlegen der Falten die Taschenbeutel glatt hinter die Falten legen und oben feststecken.

10

Die Taschenbeutel an der oberen Kante in der Nahtzugabe ca. 1,5 cm breit festnähen.

VERSTECKTE TASCHE IM VORDEREN ROCKTEIL

1

Die Position der Dirndltasche vom Schnitt auf die rechte Stoffseite des rechten Vorderteils übertragen. Die Markierungen oberhalb und unterhalb des Rechtecks nicht vergessen. Das Rechteck auch auf die linke Stoffseite der Futtertasche übertragen.

2

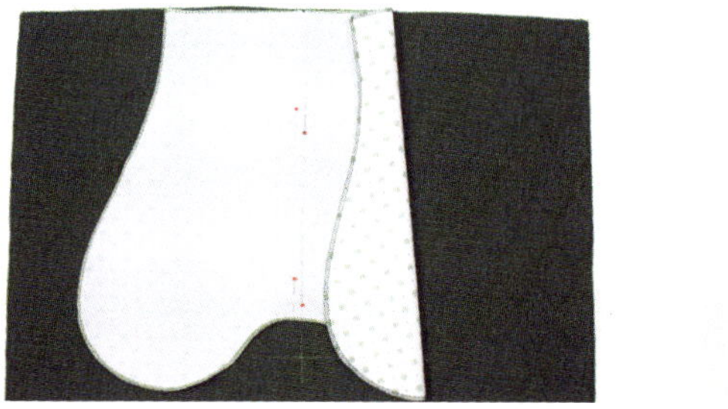

Anschließend die gespiegelte Futtertasche rechts auf rechts auf das Vorderteil legen. Darauf achten, dass die Teile an den markierten Rechtecken genau aufeinanderliegen, Tasche feststecken. Das Rechteck rundherum feststeppen.

3

Danach das Rechteck von der Mitte aus bis kurz vor die Enden der Steppnaht mittig einschneiden, zu den Ecken hin schräg einschneiden, sodass kleine Dreiecke entstehen. Dabei darauf achten, dass die Naht nicht durchgeschnitten wird.

4

Die Futtertasche durch die Öffnung ziehen und die Tasche auf die linke Stoffseite des Vorderteils wenden. Die Eingriffkanten von rechts bügeln. Dann die Futtertasche auf der linken Stoffseite des Vorderteils an der Rundung zusammenlegen und -nähen.

OFFENER SCHLITZ FÜR REISS- UND HAKENVERSCHLÜSSE

1

Die Rockvorderteile (bereits am Schlitz verstärkt) an der vorderen Mitte bis zum Passzeichen für den Schlitz rechts auf rechts aufeinanderstecken.

2

Die mittlere Naht 1,5 cm breit nähen, dabei für den Schlitz oben eine Öffnung von 22 cm lassen.

3

Die Nahtzugaben auseinanderbügeln, fortlaufend auch die an der Schlitzöffnung. Nach dem Verbinden von Oberteil und Rock kann der Reißverschluss in der vorderen Mitte eingenäht oder ein Hakenverschluss am Schlitz angebracht werden.

SCHÜRZEN

SÄUME MIT DER NÄHMASCHINE NÄHEN

1

Am Schürzenteil zunächst die Saumzugabe 5 cm und dann die Zugabe an den Seiten 2 cm umbügeln.

2

Anschließend den Saum 4,5 cm breit absteppen, dabei den seitlichen Umschlag noch offen lassen.

3

Danach die seitlichen Umschläge feststecken und 1,5 cm breit inklusive Saumkante feststeppen.

SÄUME VON HAND NÄHEN

1

Das Schürzenteil am Saum 5 cm und an den Seiten jeweils 2 cm umbügeln. Dann die Kanten von Hand festnähen, dabei oben an einer der seitlichen Kanten beginnen. Das Nähen im Saumstich wird im nächsten Schritt erklärt.

2

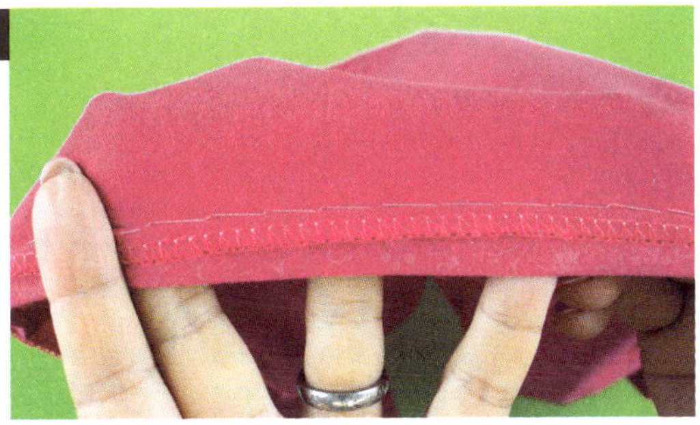

Für den Saumstich die Saumzugabe ein Stück hochklappen und dann jeweils nur einige Gewebefäden abwechselnd am Bruch der Saumzugabe und auf der linken Stoffseite erfassen. Beim Wechsel zwischen den Lagen jeweils einen langen Stich nähen.

3

Am Übergang von der seitlichen Kante zum Saum die Zugabe mit Hexenstichen festnähen, das sind kleine Querstiche, die sich überkreuzen. Der Stich wird von links nach rechts genäht. Dafür die Nadel an der Kante der Seitenzugabe ausstechen.

4

Dann einen kleinen Querstich auf der Saumzugabe parallel zur Seitenzugabe nähen und anschließend schräg versetzt dazu einen kleinen Querstich an der Kante der Seitenzugabe.

5

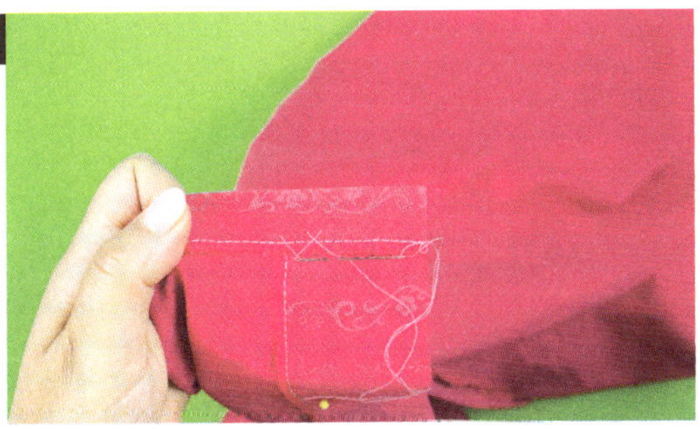

Wieder auf der Saumzugabe einstechen und diese Stiche im Wechsel nähen, um die Seiten unten zu befestigen. Den Saum mit Saumstichen und die andere Seitenzugabe wie beschrieben festnähen.

6

Zum Schluss alle gesäumten Kanten bügeln. So sieht die Schürze nach dem Handsäumen aus. Auf der rechten Seite sind die Stiche kaum sichtbar.

SCHÜRZEN

SCHMALE BINDEBÄNDER, DOPPELLAGIG

1

Zuerst die offenen Kanten des Schürzenbands rundherum 0,8 cm breit absteppen.

2

Die Kanten dann 1 cm nach links umbügeln. Anschließend das Band längs mittig falten und bügeln, dabei liegt die linke Stoffseite innen.

3

Das gefaltete Schürzenband an den umgebügelten Kanten aufeinanderstecken und dort knappkantig (0,2 cm breit) zusammensteppen.

4

Das Band nochmals bügeln. Das zweite Schürzenband auf die gleiche Weise nähen.

BREITE BINDEBÄNDER, OFFENLAGIG

1

Bei breiten Schürzenbändern ebenfalls die Kanten zuerst 0,8 cm breit absteppen.

2

Die Nahtzugaben am Band bis auf das gerade Ende 1 cm nach links umbügeln und knappkantig (0,2 cm breit) feststeppen.

3

Das gerade Ende des Bandes zur Mitte falten und die Kanten aufeinandernähen. Das zweite Band auf die gleiche Weise nähen.

SCHÜRZEN

FALTEN LEGEN

1

Die Passzeichen für die Falten an der oberen Schürzenkante mit Stecknadeln markieren. Zwischen den weißen und den blauen Nadeln liegt hier im Beispiel an der vorderen Mitte der Falteninhalt, der in der Falte verschwindet.

2

Die Falten werden hier einseitig von links nach rechts gelegt. Dafür den Stoff an der linken weißen Stecknadel in den Bruch falten und diesen auf die blaue Stecknadel legen.

3

Die Falte dort zustecken und darauf achten, dass sie gerade (im rechten Winkel zur oberen Kante) liegt. Die weiteren Falten rechts und links von der Mitte auf die gleiche Weise einlegen.

4

So sieht die gelegte Falte von oben aus. Zum Schluss quer über alle gelegten Falten an der oberen Kante (mit 1,8 cm Nahtzugabe) nähen, dabei die Stecknadeln nach und nach herausziehen.

SCHÜRZEN

SCHÜRZENBUND ANNÄHEN

1

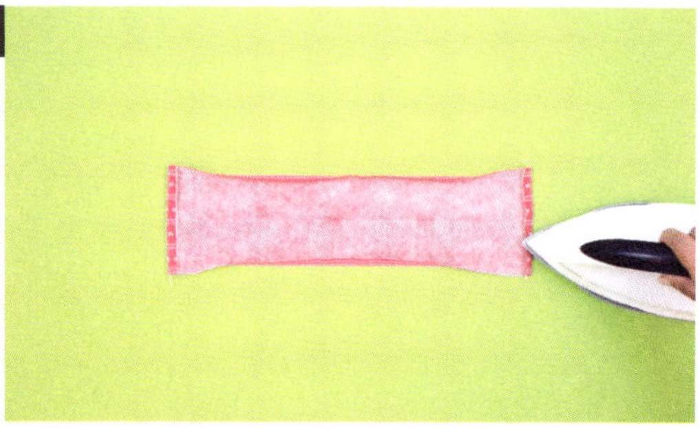

Die Nahtzugaben am verstärkten Bund rundherum 0,8 cm breit absteppen und dann 1 cm umbügeln. Bund längs mittig zur Hälfte bügeln.

2

Den Bund an einer Längskante rechts auf rechts oben an das vorbereitete Schürzenteil stecken (dabei beachten, dass dieses oben eine Nahtzugabe von 2 cm hat, deshalb Bund versetzen) und annähen.

3

Das Bundteil nach oben klappen und die Ansatznaht von der rechten Seite bügeln.

4

Dann von der rechten Stoffseite die vorbereiteten Bänder an die rechte und linke Seite der oberen Bundhälfte stecken.

5

Die Bänder an den seitlichen Nahtzugaben des Bundteils festnähen. Die Schürze mit der linken Seite nach oben legen und die umgebügelten Nahtzugaben nach innen klappen.

6

Anschließend den Bund im vorgebügelten Bruch auf die Hälfte zuklappen.

7

Die Nahtzugaben an den Bundkanten einschlagen und von rechts feststecken, dafür am besten von unten den Einschlag festhalten und mit der anderen Hand oben die Nadel durch den Bund stecken.

8

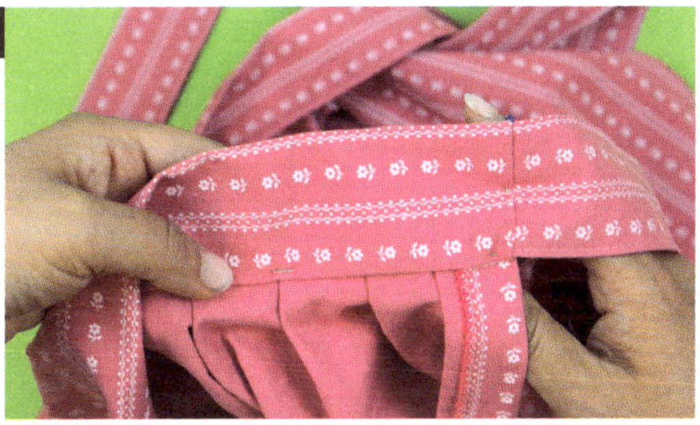

Beim Feststecken der inneren Bundhälfte darauf achten, dass die Nadeln etwas innerhalb des Bundes (also nicht in den Kräuseln oder Falten) liegen, damit später beim Absteppen auch die eingeschlagene Kante auf der Rückseite erfasst wird.

9

Um das Absteppen zu erleichtern, kann der gesteckte Bundeinschlag auch festgeheftet werden. Den Bund von rechts rundherum knappkantig (0,2 cm breit) absteppen, dabei am Bundansatz nach Wunsch im Nahtschatten nähen, dann bügeln.

DANK DER AUTORIN

Ich möchte mich ganz herzlich bei allen nähbegeisterten Leserinnen bedanken, die sich durch dieses Buch inspirieren lassen und sich trauen ihre eigenen Dirndl zu nähen. Mein ganz besonderer Dank geht an die Verlegerin Melanie Stiebner, die mich überhaupt erst auf die Idee gebracht hat, ein Buch zu schreiben. Danke für dein Vertrauen, deine Unterstützung und deinen Enthusiasmus. Es hat mir großen Spaß gemacht, mit dir zu arbeiten. Vielen lieben Dank auch an Simone Streidl, dass du dich als Modell zur Verfügung gestellt hast. Darüber hinaus danke ich den Stoffsponsoren Stapf Textil und der Trachtlerei. Ein herzliches Dankeschön auch an Schönes Fräulein für die Leihgabe der wundervollen Blumen-Haarkränze. Danke an Hubertus und Hannah, ihr seid die Besten.

Covergestaltung: Guter Punkt, München
Lektorat & Grafik: bookwise gmbh, München
Fotografie Cover und Aufmacher: Nina Solansky
Technikbilder von der Autorin
Verwendete Stoffe: Die Trachtlerei und Stapf Textil
Gesamtherstellung: Stiebner Verlag, Grünwald

Bibliografische Information der Deutschen Nationalbibliothek:
Die Deutsche Nationalbibliothek verzeichnet diese Publikation in der Deutschen Nationalbibliografie; detaillierte bibliografische Daten sind im Internet über http://dnb.dnb.de abrufbar.

4., durchgesehene Neuauflage 2025

Lothstraße 4, 80335 München | E-Mail: verlag@stiebner.com

Gedruckt bei Balto print, Litauen
ISBN 978-3-8307-2076-8

Wir produzieren unsere Bücher mit großer Sorgfalt und Genauigkeit. Trotzdem lässt es sich nicht ausschließen, dass uns in Einzelfällen Fehler passieren. Unter www.stiebner.com/errata/2076-8.html finden Sie eventuelle Hinweise und Korrekturen zu diesem Titel. Sollten Sie in diesem Buch einen Fehler finden, so bitten wir um einen Hinweis an verlag@stiebner.com. Für solche Hinweise sind wir sehr dankbar, denn sie helfen uns, unsere Bücher zu verbessern.

Auch im Stiebner Verlag erschienen

Harumi Maruyama
Oberteil-Grundschnittvariationen
2. Auflage, 170 Seiten
Format: 21 × 27,5 cm, Broschur
€ 32,–
ISBN 978-3-8307-0942-8

Harumi Maruyama
Rock-Grundschnittvariationen
1. Auflage, 176 Seiten
Format: 21 × 27,5 cm, Broschur
€ 32,–
ISBN 978-3-8307-0969-5

Harumi Maruyama
Kleid-Grundschnittvariationen
1. Auflage, 1946 Seiten
Format: 21 × 27,5 cm, Broschur
€ 32,–
ISBN 978-3-8307-2067-6

Charlotte Auzou

Selbstgenähte Garderobe nach Maß

1. Auflage, 176 Seiten

Format: 22 × 26 cm, Hardcover

€ 29,90

ISBN 978-3-8307-2075-1

Jules Fallon
Kleidung
Das umfassende Handbuch
für Nähen & Schneidern
2. Auflage, 256 Seiten
Format: 22,1 × 26 cm,
Hardcover
€ 29,90
ISBN 978-3-8307-2117-8